Cris Musa

Depois do fio puxado

Um relato sincero de uma buscadora voraz

Labrador

© Cristiana Musa, 2025
Todos os direitos desta edição reservados à Editora Labrador.

Coordenação editorial Pamela J. Oliveira
Assistência editorial Leticia Oliveira, Vanessa Nagayoshi
Projeto gráfico e capa Amanda Chagas
Diagramação Nalu Rosa
Preparação de texto Marília Schuh
Revisão Ligia Marinho

Dados Internacionais de Catalogação na Publicação (CIP)
Jéssica de Oliveira Molinari - CRB-8/9852

Musa, Cristiana
  Depois do fio puxado : um relato sincero de uma buscadora voraz / Cristiana Musa.
  São Paulo : Labrador, 2025.
  124 p.

  ISBN 978-65-5625-794-5

  1. Reflexões 2. Memórias 3. Musa, Cristiana – Autobiografia 2 4. Desenvolvimento pessoal I. Título

25-0298   CDD 158.1

Índice para catálogo sistemático:
1. Reflexões

Labrador

Diretor-geral Daniel Pinsky
Rua Dr. José Elias, 520, sala 1
Alto da Lapa | 05083-030 | São Paulo | SP
contato@editoralabrador.com.br | (11) 3641-7446
editoralabrador.com.br

A reprodução de qualquer parte desta obra é ilegal e configura uma apropriação indevida dos direitos intelectuais e patrimoniais da autora. A editora não é responsável pelo conteúdo deste livro. A autora conhece os fatos narrados, pelos quais é responsável, assim como se responsabiliza pelos juízos emitidos.

AGRADECIMENTOS

Quero agradecer, em primeiríssimo lugar, à minha egrégora espiritual: meus anjos, santos, guias e mentores que me acompanham. Não sei exatamente quem são, mas sinto a sua proteção, guiança e inspiração.

Depois, à Alana Trauczinskki, que me indicou a Adriana Calabró e a Manuela Buk de Araujo, que cuidadosamente me conduziram, comentando, provocando-me a pensar mais e corrigindo meus vícios e erros de linguagem, que não são poucos. Nossa sintonia facilitou muito o trabalho. Tive muita sorte em encontrar vocês.

Um agradecimento *in memoriam* a Rudolf Steiner, que contribuiu na minha abertura para os portais do mundo espiritual, trazendo também a visão dos setênios, para que a divisão dos capítulos fizesse sentido, já que a cronologia está meio bagunçada. Muitos períodos da minha vida foram omitidos aqui, não me sinto pronta para falar deles ainda.

A Jon Kabat-Zinn, que me ensinou a me relacionar comigo de forma mais gentil. E à sua fórmula mágica, o mindfulness, que me permitiu ancorar de forma definitiva a meditação na minha vida.

A todas as pessoas que me validaram como escritora e me motivaram, seja nas redes sociais, lendo meus textos, seja quando nos encontrávamos e sempre tinham uma palavra de incentivo, do tipo: "Adoro ler você. Me faz refletir. Você escreve de um jeito leve, gostoso, mas profundo". Isso, repetido muitas vezes, foi o combustível essencial que ativou minha coragem.

Agora reservo um espaço especial às minhas terapeutas. Cito alguns nomes ao longo do livro, mas faço questão de nomeá-las, uma a uma, aqui, tal a relevância que tiveram na minha vida: Sandra Abadia, Annie Rotestein, Suely Delboni, Adriana Ferreira, Maria Mazarelo, Lilian Resende, e tantas outras e outros aos quais tive a oportunidade e a necessidade de me entregar em imersões, retiros e workshops voltados ao autoconhecimento e à evolução espiritual.

Vou incluir, nesse hall, a astrologia. Uma ferramenta importantíssima de descoberta de mim mesma e para minha conexão com o mundo invisível. Desde os tempos das cartomantes, nunca deixei de me interessar por aquilo que está além de mim. Um muito obrigada a todas as pessoas que me revelaram o céu.

Mais recentemente, tenho entrado em contato com o mundo da energia. Sempre acreditei que tudo é energia, mas não tinha habilidade nem nível de percepção apurado para sentir em mim o seu poder. Hoje tenho. Mas isso fica pra outro livro.

E para encerrar esses agradecimentos de forma honrosa, assumo que nada do que eu sou e onde eu estou nessa jornada seria possível sem meus pais e todo o legado ancestral que recebi de graça. Reconheço o quanto a minha criação e o núcleo familiar em que cresci foram fundamentais para minha expansão de consciência e a constante necessidade de me investigar para tentar dar mais um passo na vida que me foi dada. Obrigada Mamas e Papito, vocês são a parte de mim que mais amo.

SUMÁRIO

Prefácio ——————————————————— 9

Prólogo ——————————————————— 12

CAPÍTULO 1
Primeiro setênio – 0 a 7 anos ——————— 17

CAPÍTULO 2
Segundo setênio – 7 a 14 anos —————— 27

CAPÍTULO 3
Terceiro setênio – 14 a 21 anos —————— 33

CAPÍTULO 4
Quarto, quinto e sexto setênios – 21 a 42 anos —— 62

CAPÍTULO 5
Terapia ——————————————————— 79

CAPÍTULO 6
Sétimo e oitavo setênios – 42 a 56 anos ——— 100

CAPÍTULO 7
Nono setênio – 56 anos até o presente ——— 120

PREFÁCIO

Cada ser humano é único e trilha um caminho próprio para conhecer-se e realizar-se.

A maneira que cada um de nós percorre sua trilha de autoconhecimento, que descobre dons, impulsos e seus sonhos encubados, é uma aventura e um desafio.

Narrar a própria história é também um modo de VER a si mesma, de reconhecer-se, de acatar inquietações que apontam adiante – caminhos desejáveis e possíveis.

Em *Depois do fio puxado*, Cristiana conta sua história, antes de tudo, para si mesma, para assim conferir-se, autenticar seu percurso. Esta narrativa também pode, sem dúvida, estimular outras pessoas a se olharem e ousarem a dar um passo adiante.

Nascida em Minas Gerais, no interior da conservadora cidade de Uberaba, a autora foi se esgueirando para além das regras, das imposições familiares e sociais.

Em busca de quê? De aventuras e de se aventurar, de se colocar a prova, de acatar aos impulsos mais naturais, inerentes a quem ela de fato é. Em busca de descortinar-se.

Parece simples, mas não é!

Ela, como muitos, poderia simplesmente aconchegar-se ali naquele mundo familiar e cumprir o protocolo de sua geração. Porém, como ignorar a sua inquietação, seu desassossego de mover-se no mundo à procura de algo imperdível?

Bom, esta é uma escolha pessoal, muito própria. Cada um de nós sabe o valor que tem.

Cristiana cumpre os passos da sua juventude, dos ímpetos de cada idade, passos necessários para alcançar, na sequência, os propósitos de seu encontro consigo mesma!

Para ir além de uma cultura familiar, local, é indispensável que avancemos neste mundo e tenhamos a chance de VER outros modos de ser, de se aventurar. Momentos em que as incursões através de outras linguagens, costumes e valores podem nos abrir caminhos.

Terapias e processos de autoexperimentação abrem véus e véus diante dos olhos e do coração, e novas passagens se apresentam!

Cristiana se encanta com suas próprias surpresas e persiste em legitimar suas descobertas e novas aquisições. Com uma leveza que lhe é própria, humor e alegria, degusta de suas revelações e escolhe compartilhar generosamente este caminho, com a esperança de inspirar outras pessoas, de incitar o desejo alheio de também alcançar a si mesmo nos trajetos surpreendentes e excitantes que a vida nos oferece quando ousamos dizer SIM.

Como testemunhou o poeta Walt Whitman, em *Canção da estrada aberta*:

"A pé e de coração leve eu tomo a estrada aberta.
Saudável, livre, o mundo diante de mim,
O longo caminho de terra diante de mim levando
para onde quer que eu escolha.
Doravante eu não peço boa sorte,
eu mesmo sou a boa sorte."

Ou, como canta o nosso poeta brasileiro Caetano Veloso:

"Caminhando contra o vento
Sem lenço e sem documento
No sol de quase dezembro
Eu vou."

Sim! A caminhante Cristiana Musa também nos fala da alegria de seguir adiante, seguir descobrindo. A vida é farta para ela, que se alegra em seus caminhos.

Adriana Ferreira

PRÓLOGO

A distância entre decidir escrever um livro e efetivamente iniciar a jornada é enorme.

Uma avalanche de resistências mentais caiu sobre a minha cabeça: por que tenho essa necessidade de escrever um livro? Sobre o que vou escrever? Se for sobre mim, até que ponto quero me expor? As pessoas vão ter interesse em me ler? Vai ser um livro só pra ticar mais um "tem que" na vida? Ou eu desejo ser escritora até morrer?

E segue o rosário de dúvidas e angústias que permearam a minha mente durante meses, talvez anos.

Até que um dia, não sei por que exatamente, abri um arquivo que já tinha muitas coisas escritas, escolhi uma linha e dali puxei um fio que foi se desenrolando, dando nós, desfazendo-se, criando desenhos, linhas retas e tortas que culminaram neste livro aqui.

A resposta para essas perguntas não veio quando terminei o último capítulo. Mas a necessidade de pôr pra fora o que estava dentro foi arrefecida. Em parte, porque ela nunca cessa. Ela sempre existiu, e, para fazer isso, foi preciso coragem.

Enquanto era só um rascunho na minha mão, era uma coisa: decidir editá-lo foi um passo heroico.

Depois do fio puxado, fui encontrando o meu ritmo. No início, tinha uma rigidez de sentar para escrever todo dia. Depois, veio a fase do Zeca Pagodinho, e, entre muitas viagens, fui deixando-me levar pela falta de rotina e outros interesses.

Toda vez que me propunha a sentar de verdade, com intenção clara, fluía maravilhosamente, e, quando vi, tinha mais de cem páginas. Eu nem acreditava que isso era escrever um livro. Não doeu. Pelo contrário: foi uma mescla de prazer e cura de muitas fantasias criadas no meu imaginário romântico dramático.

Achava que ia acontecer algo mágico, uma luz ia me iluminar e palavras iam surgir do meu toque nas teclas, e uma história linda ia ser contada a cada capítulo, enquanto eu descobria quem era aquela escritora e o que ela queria contar.

Tenho que confessar que certo tédio me bateu em muitas ocasiões em que eu me deparava com histórias que já contei mil vezes, com dilemas que já trabalhei profundamente em terapia e com memórias revividas sob outro ponto de vista.

Tenho verdadeira fissura por analisar, interpretar, rememorar e, muitas vezes, ruminar histórias passadas, como a canceriana legítima que sou! E, se um livro autobiográfico permite essa escavação do fundo, vou aproveitar cada página para isso.

Escrever esta história foi um jeito de desconstruir e reconstruir uma memória cheia de marcas de repressão e autocensura. Dar-me conta disso, aos 58 anos, é, no mínimo, um convite para exercer a minha liberdade, ainda que tardia.

Quando passei a minha vida a limpo, e essa foi a primeira intenção deste livro, pude sentir o quanto a vida real é uma ficção. Poderia ser a sua ou a de qualquer pessoa. O significado é a gente que dá.

Se tem relevância pra você, é porque bateu em algo que diz respeito a você, não a mim, que escrevi.

Minha intenção não é expor ninguém. Tratando-se de uma autobiografia, não posso garantir que as pessoas citadas aqui, mesmo com o nome alterado, não vão se reconhecer — talvez até se ofender — com a minha visão dos acontecimentos. Decidi correr esse risco em nome de uma história que acredito poder, por mais comum que seja, divertir, inspirar, criar reflexões ou servir para passar o tempo.

A preocupação de ser fidedigna acabou no dia em que entendi que tudo é ficção. O que eu digo sobre mim é a visão de uma autora sobre uma personagem. Nada mais que isso. Então não preciso me preocupar com a veracidade dos fatos em detrimento daquilo que estou com vontade de dizer.

Alguns nomes são reais, outros, inventei. Cenas que tentei transcrever podem não ter se desenrolado exatamente como retratadas, mas, de uma coisa eu tenho certeza: tudo partiu de um lugar muito autêntico em mim.

Busquei uma honestidade radical! Não escondi nenhum sentimento. E isso me trouxe uma sensação muito gostosa de realização.

Espero profundamente que essa alegria chegue até você, pois ela me acompanhou a cada linha. Dei muita risada comigo mesma.

As dificuldades foram só até eu vencer as resistências. Depois, mesmo que cobrada pela Adriana Calabró e a Manuela Buk de Araujo, eu conseguia reescrever o que não tinha ficado bom, com mais fluidez.

Por fim, veio a parte da organização. Nunca foi um atributo meu, mas Rudolf Steiner foi de grande ajuda, inspirando-me a dividir minha história de sete em sete anos.

Steiner foi um filósofo austríaco que viveu na Alemanha e criou a Antroposofia, uma ciência espiritual que atua em áreas da educação, agricultura e medicina. Ele divide nossa existência em setênios. Decidi honrar essa sabedoria, não só porque sou uma admiradora, mas porque, pra mim, essa ideia faz todo sentido.

A parte mais desafiante foi falar sobre espiritualidade. Algo tão pessoal e subjetivo. Já tinha lido tantas definições e visões sobre o tema, mas precisei visitar a minha própria ideia sobre ela. Ir bem fundo, e objetivar algo do mundo invisível e causador de tantas discórdias.

É delicado falar disso sem tocar em crenças arraigadas. Tive receio de assustar. Não ser compreendida. Mas fui percebendo que o preconceito era meu. Eu é que tinha que desconstruir o que pra mim era espiritualidade. Libertar-me da necessidade de ter um nome, um formato, regras definidas.

Achava petulante da minha parte construir a minha playlist do que eu me interessava a respeito de Deus. Quem sou eu?

À medida que escrevia, e que a revisora ia me pedindo pra explicar melhor aquilo que eu tentava dizer, fui validando a minha maneira de conexão.

Finalmente, gostaria de dizer que este livro só tem a intenção de inspirar você a se descobrir e a criar. Seja numa folha de papel em branco, numa superfície física, como uma tela, através de um instrumento, ou no seu núcleo familiar ou social.

Permita-se deixar um tanto de você no mundo!

Reconheça que foi criado como um indivíduo único, e ame-se na medida certa.

Boa leitura! Nos vemos por aí!

Bjim, inté!

CAPÍTULO 1

PRIMEIRO SETÊNIO

0 a 7 anos

Memória nunca foi meu forte.

Às vezes, acho que é porque sou tão intensa que, se eu guardasse os acontecimentos com a mesma carga de emoção que cada um me afetou, já teria morrido eletrocutada.

Que exagero!

Começo assim para que você saiba que, neste livro, vai encontrar toda espécie de excessos, dramas, distorções da realidade e interpretações equivocadas e confusas dos fatos. Se você perguntasse para meus pais sobre os acontecimentos aqui descritos, eles iriam dizer: "Hã?! Não foi nada disso que aconteceu" ou "Não me lembro disso, não".

Toda visão de um fato provém de um ponto de vista e, portanto, tem uma interpretação pessoal.

A verdade contém mentiras inevitáveis. Porque não vemos e nem experimentamos a vida da mesma forma.

Vou contar aqui como a vida reverberou em mim: tudo que vivi e ainda vivo. Graças a Deus!

Chega de desculpas. Vamos aos fatos.

Catorze meses após o casamento dos meus pais, eu já tinha feito a minha primeira viagem. Saí de

Uberaba e fui para a fazenda Rancho Verde, no Mato Grosso do Sul.

Minha mãe nega que se casou grávida: fui concebida na lua de mel. A história perfeita, contada por todas as noivas da época, nos tempos em que Ribeirão Preto era chamada de "cemitério das virgens". Ser mulher em 1966 com certeza não era fácil.

Aos 3 anos, tive meu primeiro episódio bombástico, que mais tarde seria muito trabalhado em terapia. Fiz, faço e ainda farei muita terapia! Tenho uma necessidade surreal de me investigar. A interrogação é meu caractere preferido. Depois da exclamação, claro!

Na minha memória construída como um jogo de Lego, eu estava em um bar, meio restaurante, no Paraguai, desses bem *country*, com mesas de madeira em volta de uma pista redonda. Minha mãe e minha tia tomavam um chope no calor de Pedro Juan Caballero. Eis que elas resolvem dar uma olhadinha para o lado, e lá estou eu, só de calcinha, um cigarro na boca, dançando, de mãos dadas com um homem, também com um cigarro na boca. Minha mãe se levanta, em um desespero misturado com espanto e medo de o meu pai chegar e testemunhar aquela cena burlesca, me pega no colo e pergunta ao homem como isso aconteceu. Tranquilo, o homem relata que eu pedi o cigarro insistentemente e ele não teve como negar. Será que era meu poder de persuasão mostrando suas asinhas desde cedo?

Muito tempo depois desse episódio, durante meus anos trabalhando em agência, eu costumava dizer que não era uma boa vendedora. Isso deixava uma amiga que me conhecia muito bem uma fera, pois ela via exatamente o contrário em mim: uma excelente mulher de vendas. Mas eu não me sentia assim.

Acho que ela tinha razão, pois convencer alguém é como vender algo, e fui muito bem-sucedida vendendo ideias por 24 anos. É claro que poderia ter tido muito mais sucesso e reconhecimento, mas o lugar a que cheguei foi suficiente para a ambição que eu tinha.

Ninguém vai além do que precisa para aprender o que é necessário.

Mas o que tudo isso tem a ver com o episódio no bar? O poder de persuasão tem várias facetas. Uma delas é indireta, como convencer alguém a fazer algo pra você sem se dar, necessariamente, conta disso. Naquela cena, eu ainda nem falava direito, mas já sabia o que desejava e consegui fazer um homem adulto me dar exatamente o que eu queria. Ao mesmo tempo, essa "vitória" me deu muito trabalho no divã, pois a história foi revivida algumas vezes, nas sessões de análise, numa roda de constelação, em meditações guiadas por terapeutas...

Por que, afinal, essa cena me marcou tanto? Em primeiro lugar, por ter sido algo totalmente inusitado. Uma menina tão pequena, numa atitude adulta e de certa forma promíscua, dançando, de calcinha, com um homem, num cabaré. Mesmo que na inocência de uma criança isso não tivesse nada de mais, tinha a conotação que os adultos deram. Num jogo de sete erros, você assinalaria o quê? O cigarro, a calcinha, a dança com um homem, os adultos tomando chope, distraídos, enquanto a criança está sozinha? Quais foram os erros?

Na minha terapia, o recorte caiu sobre a criança interagindo livremente com o mundo das "proibições", até ser bruscamente retirada desse estado de poder e alegria. A emoção registrada foi de que fiz algo proibido e que deveria ser punida por isso.

"Ah, mas quanto drama, hein?", alguém pode dizer. Ou pensar.

Com sol em câncer e lua em escorpião, não conseguiria ser diferente. E para quê? Dá muito trabalho ser quem não somos. Aliás, ser quem somos também dá bastante trabalho! E foi essa opção que escolhi.

Sou densa, mas não pesada! Faço meus mergulhos, mas com humor, alegria e espaços para respirar. Quando sinto necessidade, tiro o escafandro e vou até a superfície ver a luz.

Nas profundezas dos meus guardados, viro e mexo, reviro, releio cartas, bilhetes de amor, correios elegantes guardados em caixas de dobradiças enferrujadas no fundo do meu armário. Será que é por isto que sou alérgica a ácaros, porque mexo muito no passado? Tenho que me imunizar naturalmente ao logo da vida, porque, quando menos espero, lá estou eu, em contato com o mofo.

Minha infância na fazenda Rancho Verde foi bem divertida, ou penso que foi assim, quando escuto minha mãe ou minha madrinha contando. Era uma casa de quatro quartos. Uma suíte master do jovem casal, ao lado de um quarto bem grande, prevendo a chegada de mais integrantes, que iriam dormir juntos. Já ressaltando o atributo de pais presentes e de natureza prática. Na época, sem babá, quanto mais a vida da mãe fosse facilitada — que ia de um quarto para o outro —, melhor que eles fossem próximos. Os outros dois quartos ficavam no corredor, assim como eu, esperando por visitas. Eu amava as visitas!

Antes de os meus irmãos nascerem, eu dormia sem ninguém e sem dar trabalho. Minha mãe conta que me colocava na cama e eu ficava um tempo conversando sozinha, até pegar no sono, de boa, sem choro nem resmungo. Mais tarde, lá pelos 4 anos, me tornei a princesa do pedaço. Tinha espírito de líder. Criava as brincadeiras e chamava as crianças (filhos das pessoas que trabalhavam na fazenda) pra brincar comigo. A essa altura, já tinha meus dois irmãos. Uma escadinha: 4, 3 e 2 anos.

Em volta da casa, havia um espaço largo de beiral. E numa das laterais montei minha casinha de brinquedo ao ar livre. Tinha fogão, umas panelinhas de ferro e uma chapa que ficava em cima de uns tijolos. Dali saía arroz, feijão e frango. Tudo vindo da cozinha da casa principal pronto, e só jogado no alho e na cebola nas três panelinhas. Já se via ali alguém que conhecia a lei do menor esforço, o que na verdade virou um paradoxo na minha personalidade. Ou seja, ao mesmo tempo que escolhia o caminho mais fácil durante minha vida, fiz escolhas bem difíceis também. Vai ver, foi pra equilibrar.

O Dedé carroceiro, sempre que passava, me pegava pra dar uma voltinha. Até porque eu não conseguia ficar brincando com a mesma coisa o dia todo. Umas viagenzinhas no intervalo eram sempre bem-vindas. Uma prática que honro até hoje.

Dona Mundica, a lavadeira, era quem fazia todas as minhas vontades. A raspa da tigela do bolo era só minha. Ela vigiava a cozinheira e, antes de lavar a louça, trazia o pote, com um sorriso de rasgar o rosto, e dizia: "Pode lamber tudo, é só seu".

Ser paparicada, mimada, era algo que vinha bem mais dos agregados do que dos meus pais. Eles cuidavam de mim e me educavam, muito bem, por sinal. Mas fazer minhas vontades, satisfazer meus desejos... hummmm, isso não me parecia coisa de pai e mãe, naquela época.

Até porque os dois filhos mais novos demandavam cuidados. Eu já demonstrava certa independência e quem é assim não desperta no outro um olhar mais atento. A sensação é que sempre desejei mais atenção do que recebia. Por isso os mimos de dona Mundica eram tão valiosos.

Para não ser injusta, no final de semana, quando meus pais chegavam de Dourados, com caixas de Ping Pong e engradados de Coca-Cola Caçulinha, era uma festa! A gente mascava o chiclete até acabar o gosto, depois passava no açúcar e colocava no congelador pra reativar o sabor da borracha. E, quando eles iam a Ponta Porã (o lado brasileiro de Pedro Juan Caballero), traziam um chiclete de bolinha colorida que era um espetáculo à parte.

Como aquilo era lindo e doce! Vinha numas cartelas compridas, e a gente destacava um a um — ou vários ao mesmo tempo — e enfiava tudo na boca pra fazer competição de bolas gigantes. Eu não era boa naquilo. Minhas bolas de goma estouravam antes de crescer. A respiração curta e o excesso de entusiasmo não permitiam sustentar o balão no ar. Uma frustração!

Bem, frustração é uma metodologia superficaz para fortalecer o ser humano! Usava-se muito essa técnica na maioria dos lares na época. Acredito que esse é um dos motivos para sermos bem resilientes. Nós, os três irmãos mais velhos, crescemos com uma carapaça grossa, para esconder as emoções.

Cada um do seu jeito.

A caçulinha veio pra suavizar a rigidez tão dominante da linhagem materna. Ela veio pra adoçar! Era dessas crianças dengosas. Beijadeira, abraçadeira e melosa. Um dia, meu pai foi surpreendido brincando, de maneira discreta e de porta fechada, com ela num quarto. Até hoje, não sei de quem ele estava se escondendo, muito menos me lembro do que estavam brincando, mas lembro bem os ciúmes que isso me causou. E ciúmes e inveja, em inglês, são a mesma palavra, *"jealous"*, será por quê?

Olhando pra trás, com a consciência de hoje, acredito que ele se escondia dele mesmo, por não se permitir tirar um tempo da rotina pra se divertir, mas, por outro lado, se autorizava a brincar com a filha mais nova. Com a mais velha não foi possível, e tudo bem! Evoluímos vivendo, e não treinando viver.

Se pudéssemos ter essa conversa hoje, faria questão de deixar claro o quão importante ele foi na minha vida. Na verdade, a gente não sabe de nada. Fico imaginando, quando chegar lá no fim e olhar no retrovisor, será que vai fazer sentido tudo isto que estou contando?

Aos 6 anos, me mudei para Campo Grande, tinha chegado a hora de estudar. Adorei a escola, diz minha mãe. No primeiro dia, dei tchauzinho sem pestanejar e nunca dei trabalho para ali ficar. A tia Glaucia, minha professora, era minha fã. Achava que eu era engraçada, criativa.

Aos fins de semana, voltava para a fazenda, o que já começava a ser um incômodo pra mim. Meu lado cosmopolita estava aflorando. A partir daí, fui criando birra do mato e cada vez mais queria ficar onde, na minha visão, tudo acontecia.

E eu amava gente. Amava tanto que, mais nova, com uns 4 ou 5 anos, um comprador de gado foi visitar meu pai e, quando ele estava indo embora, me joguei na frente do carro dele, aos berros, implorando para que ficasse. Ele, o Adir, me conta isso toda vez que me encontra e eu morro de rir do meu drama. Essa era eu mesma!

Em Campo Grande, tive meu primeiro trauma. Minha mãe cortou meu cabelo estilo Joãozinho, e até hoje sofro quando preciso de um corte nas madeixas. Meu cabelo sempre foi grosso, bem volumoso. Quando fazia trança, parecia um queijo muçarela mineiro, ou uma rosca bem gordamente trançada.

Mas quem nunca pegou piolho na época da escola? Pois é! Foi dramático pentear aquela juba com pente fino, óleo, e depois passar aquele pó fedido pra matar as lêndeas. A natureza prática da minha mãe falou mais alto, e ela nem titubeou. Levou-me no "Los Pombos" (óbvio que não existe um salão com esse nome, foi só um descarrego de raiva ilustrativa) e cagaram na minha cabeça. Imaginem um corte feio, sem graça.

Impressionante como cabelo sempre foi uma questão para mim. Cheguei a considerar que em outras vidas fui árabe e tive que esconder o cabelo dentro de *hijab*. Ou fui freira e me obrigaram a cortá-lo para caber dentro do hábito.

Aquela cena em que Carolina Dieckmann, na novela *Laços de família*, corta o cabelo porque ia começar a fazer quimioterapia me marcou mais que filmes como *Poltergeist* e *Hannibal*. Com esses, fiquei só uma noite sem dormir. A Carolina me fez perder o sono por quase um ano. Seja o que estiver escondido em outras vidas, ou nesta, até hoje se mostra em comportamentos estranhos, como chorar no salão na frente de todos os clientes porque um dedo a mais de cabelo caiu no chão sem o meu consentimento. Ou mudar de cabeleireiro umas vinte vezes ao longo da vida, por nunca estar satisfeita.

Parece uma bobagem, mas a vida vai nos dando oportunidades de crescermos a partir dos traumas, sejam eles grandes ou pequenos, como essa questão do cabelo: não importa o tamanho do trauma, e sim o impacto que nos causou.

É um ato totalmente consciente observar como as circunstâncias da vida nos afetam. Eu nasci com essa vontade. Não sei se isso é bom ou ruim. Talvez o meu viver seria mais simples e rotineiro sem essa angústia de querer saber mais de mim e do mundo que me cerca, mas eu e a Gabriela "nascemos assim, crescemos assim e seremos sempre assim". Jorge Amado estava correto quanto à natureza da sua personagem.

Eu acredito que nascemos com uma essência que precisa ser conhecida e respeitada. Posso morrer sem conhecer a minha por completo, mas ter buscado por ela a vida toda é o que faz sentido para mim.

CAPÍTULO 2

SEGUNDO SETÊNIO
7 a 14 anos

Moramos por mais três anos em Campo Grande. Até minha mãe engravidar da caçulinha, e meu pai achar necessário morar próximo dos pais e de alguns irmãos. Araçatuba foi nosso destino.

Tinha muitos primos lá, e fizemos amizades que permanecem até hoje. Foram tempos gostosos. Nossa casa era grande, na avenida Bandeirantes, ao lado de uma família com três filhas. Naquela época, usava conviver com os vizinhos. Brincar na rua. Frequentar uns as casas dos outros.

As minhas vizinhas eram bem animadas. Uma mais nova e duas mais velhas que eu. Por perto, tinha mais meninas, e nossas brincadeiras iam de montar barraquinhas para vender suco na rua até brincar de "Panteras" no telhado. Essa parte, eu fingia que adorava, mas, no fundo, morria de medo de cair lá de cima. Farrah Fawcett que me perdoe, mas pra ela foi fácil, tinha dublê!

Eu estava no meu "espigão", como chamava aquela fase em que crescemos meio desordenadamente. Pernas mais compridas que o corpo e certa falta de coordenação motora.

Minha sábia mãe me colocou no balé, o que ajudou demais na minha postura e na consciência corporal. Levo isso como presente desta vida.

Segundo uma terapeuta maravilhosa que tive, "corpo é destino". Eu já tinha altura que me desclassificava como bailarina clássica. Tanto que minha professora me colocou pra dançar o minueto vestida de homem. Outro trauma! Meu sonho era ir correndo leve e saltar nos braços de um bailarino. Isso nunca foi possível. Não havia braços suficientes para dar conta de uma menina de 1,70 de altura, que já calçava 40.

Araçatuba fica no estado de São Paulo, considerado mais avançado do que Minas e Mato Grosso do Sul. Éramos reconhecidos por sermos netos do Torres Homem, um pecuarista afamado naquela época.

Casa de vô era um lugar que frequentávamos muito. Passávamos todos os domingos na churrascaria Gaúcha, degustando o cupim casquerado que o vovô também amava. Eu sempre gostei de rotinas. Apesar de amar sair delas.

Minha avó era o convencional da época. Vivia para o marido, pelo marido. Tinha os sete filhos já criados e tio Humberto, que morava com ela. Tio Humberto era bonitão, filho de uma prima dela que não tinha condições de criá-lo. E ele era o máximo. Playboy que roncava o motor do carro, chegava bêbado em casa com certa frequência e tinha um quarto meio separado do corpo da casa. O que despertava curiosidade do que rolava ali. Era um mistério, e meu fascínio por mistérios se acumulava a cada ser diferentão que cruzava minha vida.

No final do corredor da casa da vó Lourdes, antes de entrar na sala de jantar, tinha um pote com balas Pipper. Pegávamos de mãozada, e os menos educados jogavam o papel ali mesmo. Eu, disciplinada por minha mãe, dona Ana Cristina, achava um absurdo.

Uma vez, meus pais viajaram para uma exposição de gado. Faziam isso com frequência, e eu sempre ficava na casa de alguém. Quando morava na fazenda, me hospedava com a tia Afrodite, em Campo Grande, com a tia Maria Helena, e em Araçatuba, com a tia Marta.

Tia Marta morava numa chácara perto da cidade. Eu achava superdiferente. Reunia o bom de morar no mato, ter contato com a paz da natureza e o melhor ainda de morar na cidade.

Minha mãe achou que era uma boa ideia me deixar uns dias com minhas primas, uma da minha idade exata e a outra uns quatro anos mais nova. A ideia até foi boa, mas a coitada da tia Marta não imaginava o estresse que seria.

Brincávamos perto da casa ou na varanda, e eu, sem perceber, bati a mão em uma caixa de marimbondos-cavalo, que galoparam em direção ao meu rosto. Em poucos minutos, virei o homem elefante. Tiveram que correr pra um pronto-socorro comigo para tomar injeção de adrenalina. Eu já era muito alérgica.

Foi uma frustração gigante interromper aquelas férias tão desejadas. Tive que voltar pra casa e ficar de repouso, tendo que aguentar as brincadeiras bobas dos meus irmãos. De certo, eu já me achava uma mocinha.

Foi uma fase de muita exploração e descobertas. Apesar de já ser adolescente, não me lembro de crises nessa idade. Fui tranquila. Sem revoltas, desobediências e hormônios aflorados.

Pode ser porque virei mocinha mais tarde, quando já morava em Uberaba, aos 15 anos. Fui tardia! Sempre fui. Demorei a menstruar, a beijar e a transar. Será que uma coisa está ligada com a outra? Vou fundo no que me impacta. E eis que, aos 13 anos, mais um trauma me atingiu. Tive meu primeiro namoradinho. Paulinho Cardoso era amigo dos meus irmãos. Ia em casa jogar bola, e meu coração pulava de alegria ao vê-lo chegar. Nas festinhas, dançava de rosto colado com ele e sentia o coração gelado de medo de ele perceber o quanto estava apaixonada. Ele era o mais paquerado, e o fato de querer dançar comigo já me deixava toda iludida. Não éramos namorados assumidos. Nem rolava esse papo. Era algo meio distante, mas, dentro da minha cabeça criativa e do meu coração romântico, já tínhamos três filhos e morávamos na praia.

Um dia, dançando numa festa em que estavam meus pais, ele fez uma bola de chiclete gigante (com certeza não era ansioso, porque com o ar que saiu dava pra subir um balão) e, pra minha surpresa, a bola arrebentou na parte do meio do meu cabelo comprido. Desvencilhei-me de Paulinho e corri para o banheiro pra avaliar o estrago. Nem preciso me lembrar do meu apego com cabelo para justificar meu desespero de correr para minha mãe e pedir para ir embora.

Ela não entendeu nada, mas vi que gostou. Na hora não compreendi, mas o desespero era tanto que só pensava em como tirar o chiclete sem ter que cortar o cabelo. Passei óleo de cozinha e virou uma lambreca, e só depois alguém deu a ideia de passar gelo. A borracha endureceu e facilitou a extração. Mas bons fios foram sacrificados naquela tentativa de salvamento. Nem assim desisti do paquera.

Foi então que minha mãe veio, rodeando o toco, me dizer que meu pai tinha achado que a dança estava "grudada" além do limite para uma moça de família.

Não foram essas as palavras, mas a sensação que ficou em mim, quando faço o exercício de memória, é de que estava fazendo algo errado.

Essa nem foi a única vez em que interromperam um instante de prazer. Pode ser blá-blá-blá psicanalítico, mas, depois de quarenta anos, sobrevoo a minha linha do tempo e vejo alguns episódios em que muitos dos meus desejos foram interrompidos.

E quantas de nós, mulheres, tivemos nossos sonhos, fantasias, desejos e prazeres bloqueados por nós mesmas, por outros ou por circunstâncias? Como

dizia Sartre: "Não importa o que fizeram de nós, o que importa é o que vamos fazer do que fizeram de nós".
E eu fiz muita coisa.

Ir embora de Araçatuba no auge dessa paixão inventada, desse coito interrompido (desculpem a expressão, mas é para dramatizar mesmo, viu, Freud?!), mexeu com a minha forma de lidar com as relações afetivas. Essa brusca separação deixou sequelas e criou em mim estratégias de sobrevivências no amor. Isso é grande!

Está vendo como trauma não pode ser medido pela gravidade, e sim, mais uma vez, pelo impacto que causa?

CAPÍTULO 3

TERCEIRO SETÊNIO

14 a 21 anos

No script de uma menina normal, depois da infância, viria a adolescência. Certo? Não!

Por que isso precisa ser tão definido?

Na natureza, em vários países — nos trópicos, principalmente —, as estações são bagunçadas. No verão pode ter dias frios. E, no inverno, debaixo do sol, às vezes faz bastante calor.

Fiz essa comparação pra justificar o porquê de a minha adolescência não ser tão evidente em uma única época, como dos 12 aos 18 anos. Minhas estações se misturaram ao longo da minha vida até aqui. Já fui velha na infância, criança na vida adulta, e agora, muitas vezes, me sinto uma *teen*. Passando minha adolescência a limpo, percebo que ali já se apresentava uma adulta, responsável e madura. Às vezes, até com uma responsabilidade excessiva e desnecessária.

Aos 15 aninhos, uma garota quer mais é se divertir com as amigas, e é claro que eu fiz isso. Mas também tinha compromissos com o balé, com o inglês, com a escola e um nível de seriedade e exigência que me roubavam muito da leveza e da liberdade de ser feliz.

Para mim, havia muito medo nessa idade. Principalmente, o medo de sofrer por amor, que foi, talvez, o que mais contribuiu para a construção de uma adulta travada.

Levou um bom tempo para eu ter coragem de me envolver emocionalmente e verdadeiramente com alguém. Tinha amigas que namoravam firme, enquanto eu era firme em tudo, menos no namoro.

Cheguei a pegar na mão de vários da mesma turma, no escuro do cinema, em certa época. Mas não beijei ninguém. Ah, que arrependimento, tanto moço lindo!

Dizem que, lá na frente, no fim da vida, só nos arrependemos do que não fizemos.

Quando ouço isso, me dá uma tristeza.

Curti muito as amigas, como faço até hoje.

Nunca tive dificuldade de fazer amigos, e em Uberaba não foi diferente. Tínhamos uma turma que gostava de descer pra escadaria do prédio e paquerar os rapazes nos carros que davam voltinha na cidade. Passavam desfilando na porta do Karajá, nosso prédio, na avenida Leopoldino de Oliveira. Lembro-me de algumas placas até hoje, nosso *point* era disputado. Dali saíram muitos namoros e até casamento.

Outro ponto de encontro era a casa da dona Joaninha, que ficava na descida do morro do Marista. A sensação no estômago era de montanha-russa, eu descia e a barriga ia gelando, até chegar no amontoado de moços. Eram todos amigos, mas, às vezes, rolava algo a mais.

A vida no interior tinha uma dinâmica diferente. Andávamos muito a pé, brincávamos de bete na rua, os meninos, de carrinho de rolimã. Tenho um primo que caiu no córrego com carrinho e tudo.

Fiz muita coisa e também deixei de fazer e de ser aquilo que desejava.

Tive amigas, julgadas "avançadinhas" pela minha mãe, e fui muitas vezes proibida de conviver com elas. Pena que não fui forte o suficiente pra lutar contra.

Falta fogo no meu mapa astrológico, e sobra água. Muitas emoções que me afogam e apagam meu ardor pela vida. Talvez por isso não utilizei alguns potenciais latentes em mim. Ou não! Como diz Caetano: se tivesse mesmo, afloraria.

Talvez não tivessem espaço naquela época, mas essas potencialidades emergiram depois, de outras formas. Como diz a psicanálise, libido é pulsão de vida e não necessariamente uma energia sexual. Se eu tinha medo de amar, de expressar meus sentimentos, pude ressignificar isso mais tarde, expressando-me de muitas outras formas.

Mas, de volta à juventude, passar quatro anos em São Paulo foi, sem dúvida, o mais interessante. O anonimato tem uma magia deliciosa. Apesar de ter morado num prédio com um bando de uberabenses e araçatubenses, todos conhecidos, foram momentos incríveis, longe de pai e mãe.

Mas, antes de viver meus dias de glória em Sampa, fui submetida a um período de cárcere. Minha mãe só me deixaria sair de Uberaba se fosse para um pensionato de freiras. Detestava aquela disciplina de horário pra tudo, e fazer silêncio era um martírio pra mim. No auge da música "Forever Young", que ouvia no último grau da escala Richter, ter que interromper meu transe de cantar gritado era insuportável.

Pra convencer minha mãe a me deixar mudar pro apê das amigas, pus em prática uma estratégia de gênio. Levei-a pra andar de ônibus elétrico num domingo de jogo no Pacaembu.

Quando ela entrou naquele ônibus lotado, cheio de maloqueiros gritando, eu aproveitei: "Está vendo o ambiente com que eu convivo todos os dias?".

Claro que ela sabia que era dia de jogo, mas se prendeu ao que via ao redor e me prometeu me mandar o carro e me deixar sair do pensionato. Que alegria! Foi uma redenção. Paguei muitos pecados naqueles seis meses de Santa Marcelina. Ou adquiri mais pecados. Um dia, pus as freiras em fila e menti que aquele aparelhinho, um aurímetro, que tinha ganhado da tia Suzana, uma tia esotérica que eu amava, era pra medir a fé. Para as freiras de que eu gostava, eu fazia o aurímetro estender vários metros, e, para as que pegavam no meu pé, o aparelho não saía do lugar, e eu dizia: "É, irmã, parece que sua fé precisa ser mais trabalhada".

Elas ficavam loucas! Quanta ingenuidade. Hoje acho até bonitinhas. Elas. Porque eu fiz muita feiura. Não me orgulho. Mas foi uma fase rápida. Acredito que não deu pra acumular grandes carmas. Espero!

Bom, nossa vida em comunidade, em Sampa, no prédio da José Maria Lisboa, era um miniUberaba. Dávamos notícias de todos os movimentos, uns dos outros.

Uma vez, fui pular Carnaval em Recife e conheci um mocinho. Na volta, ele me chamou para jantar. Ia saindo toda misteriosa, no saguão do prédio, sem contar para ninguém, quando escuto um grito do primeiro andar: "Aonde você pensa que vai, toda arrumada?". Gelei a barriga!

Só saíamos em turma, e meu amigo se achou no direito machista de saber aonde e com quem eu ia. Morri de raiva. Tentei esconder, mas claro que ele soube de tudo depois. Era impossível esconder alguma coisa daqueles meninos. Ao mesmo tempo em que nos protegiam, nos vigiavam. A aprovação deles para qualquer impulso fora da nossa "comunidade" era importante.

Eram um pouco mais velhos e eu os considerava mais experientes. Já que a "bobinha da baciinha", meu apelido por um tempo, caía fácil nas armadilhas da metrópole. Não lembro quem saiu com esse apelido, mas significava uma moça do interior, caipira, que lavava roupa na bacia, e não conhecia as tecnologias e os avanços da cidade grande. Pelo menos, é isso que me veio ao me lembrar desse apelido. Pode ser outra coisa completamente diferente. Não importa.

Vou contar agora como foi ser vítima de uma cilada, armada justamente dentro da turma dos uberabenses, mas aplicada por um paulista astuto na caipira brejeira.

Todo domingo, íamos à churrascaria Rodeio. Tempos em que a picanha não custava tudo isso e o arroz biro-biro já era divino! Pagávamos em cheque e era obrigatório colocar o nome e o telefone atrás.

Bem, lá estava eu, a bobinha da baciinha, em casa, numa segunda de tarde, quando o telefone fixo toca — claro, o Steve Jobs ainda fazia caligrafia na época — e uma voz de homem me pergunta: "É você que estava no Rodeio ontem, com o pessoal de Uberaba?". E a trouxa: "Sim, eu mesma, por quê?". "Aqui é o Frederico, te achei muito gata e queria te conhecer melhor."

Um paulista querendo me conhecer melhor! Ele fazia duas faculdades: administração na Fundação Getulio Vargas (FGV) e publicidade na Escola Superior de Propaganda e Marketing (ESPM). Achei aquilo o máximo!

Eu fazia publicidade na Fundação Armando Alvares Penteado (FAAP) — fui transferida da Universidade de Uberaba (Uniube), Faculdades Integradas de Uberaba (Fiube) na época — e os professores mais bacanas davam aula na faculdade dele, que era muito mais conceituada. Fora que, para fazer dois cursos ao mesmo tempo, o moço era, no mínimo, bem inteligente.

Foram alguns dias de papo no telefone até ele me convencer a sair para jantar. Fomos ao Santo Colomba, um restaurante superchique a que a caipira aqui nunca tinha ido. Estava na cara que ele queria impressionar, esses paulistas têm dessas metidezas, que nós, do interior, não vemos a menor necessidade. Falo por mim: presentes caros, levar-me em lugares chiques, nunca foi uma coisa que me atraiu. Valorizo outras atitudes nos homens.

Mas, com 18 aninhos, ser tratada como princesa é, no mínimo, empolgante.

O segundo encontro foi em outro restô, esse francês, chamado Freddy; acho que existe até hoje na Joaquim Floriano. Lá, aconteceu um fato que achei estranho. O maître chamou o meu paquera pra atender ao telefone. Eu perguntei se era algo urgente, e ele respondeu, meio sem graça, que era o pai ligando para falar de negócios. No momento, achei tão babaca ele falar isso. Pensei: *ai, meu Deus, quer contar papo de que tem negócios de família importantes e inadiáveis. E o pai se dá ao direito de interromper o jantar do filho para discutir contratos. Afe!*

Nosso terceiro encontro foi no cinema. Tive frio na barriga, porque na sala escura sempre pode rolar um clima. *Karatê Kid 2: a hora da verdade continua* não conseguiu nos seduzir a ponto de rolar beijo. A sessão passou. Talvez eu já estivesse desconfiada do que estava verdadeiramente acontecendo. Saindo de lá, fomos no Frevinho comer um beirute, e lá a pulga que morava atrás da minha orelha pulou na mesa.

Ele era um moço muito conhecido e, em todo lugar que chegava, os garçons o cumprimentavam. Até que, no Frevinho, um garçom disse: "Oi, Serjão". Eu ouvi bem? Sérgio? Ele não se chamava Frederico? Achei que estava ficando surda. E segui.

Por sorte, naquele encontro, minha amiga de apê se ofereceu para ficar no bar da esquina, conferindo quem era o moço, e tudo se revelou assim que pus o pé em casa. Ela me esperava com seus olhões verdes arregalados.

"Cris, esse não é Frederico. Ele se chama Sérgio. É colega de aula dos meninos da FGV."

O quê? Esse babaca está mentindo para mim, mas por quê? Como minhas emoções são intensas, rápidas para emergir e, muitas vezes, rápidas para se dissipar, peguei o telefone e liguei no número que ele me passou, antes que a raiva fosse embora. A secretária eletrônica atendeu e eu mandei ver no recado. Xinguei o moço de tudo!

Antes de terminar meu discurso raivoso, ele atende com a voz mansa e diz: "Cris, deixa eu ir aí te explicar tudo que aconteceu".

Fiz charme que não queria, mas a curiosidade mórbida era tanta que aceitei.

As meninas colaram um copo na parede para ouvir a conversa na sala. Ele admitiu que dois colegas de faculdade dele, que, por infeliz coincidência eram meus amigos de Uberaba, deram a seguinte ideia: "Você liga no apartamento delas (morávamos em três) e, para quem atender, você diz que viu na churrascaria Rodeio e pegou o número com o maître que era seu amigo".

E, na roleta-russa da vida, quem atendeu? Euzinha! Talvez a mais ingênua das três. Ele disse que no início era uma brincadeira, mas que acabou ficando sério porque ele ficou a fim de mim. E a coração duro aqui, orgulhosa, não deu chance de ele continuar e o expulsou de casa.

Lembro que me arrependi. Passada a raiva, me questionava por que não dei uma chance para nós dois. Ele era bom, inteligente e bonito, o que mais uma moça podia querer?

Mas talvez eu quisesse mais.

Ou era o medo novamente? Não me sentia segura namorando um paulista e tinha medo de sofrer. Na minha visão, e na de muitas pessoas do interior, eles tinham muita autoestima. Sentiam-se superiores. E a minha baixa autoestima me colocava em um lugar de menos-valia.

Menos inteligente, menos culta, menos sofisticada, menos blá-blá-blá infindável da minha cabeça.

Anos depois, encontrei esse mesmo moço, com a identidade correta, em uma festa à fantasia em Uberaba. Por ironia do destino, ele estava fantasiado de Peter Pan, e eu de cigana — vidente fajuta, por não ter sido capaz de prever a farsa na qual caí.

Ele chegou em mim, com seu chapéu de plumas, e perguntou: "Lembra de mim?".

E eu, coiceira que era, respondi: "Sim! O falso Frederico que é Sérgio".

Chulap na cara do Peter Pan! É claro que a segunda e última chance ficou na Terra do Nunca.

Como já disse, eu morava com mais duas amigas. Éramos diferentes e iguais. Criadas no interior, por pais cuidadosos, tínhamos até empregada e um pouco das mordomias da nossa casa em Uberaba. A Marisa tinha sido funcionária da avó de uma das meninas e era cozinheira de mão cheia. Para vocês terem uma ideia, tinha dias que acordávamos com cheiro de pão de queijo e rosca que ela fazia no café da manhã. Um luxo!

Mas luxo é relativo. Nossas brigas fúteis eram hilárias e mostravam bem quem éramos junto às prateleiras e ao caixa do supermercado.

Essas diferenças entre nós eram uma fonte inesgotável de aprendizado. A mais vaidosa comandava as sessões de banho de creme no cabelo e esfoliante para celulite. A mais ousada dava força para a outra se libertar do controle dos pais. E a mais careta apontava as ameaças e os perigos. No caso, essa era eu.

Confesso que eu era a medrosa e cortava o barato da casa. Muita diversão foi interrompida pela minha austeridade. Absorvi direitinho o padrão de interromper o prazer que aprendi e me vinguei nas amigas, coitadas!

Meu senso de responsabilidade excessivo impedia certas loucurinhas supernormais para aquela idade e fase de vida. Como me arrependo!

Fora os preconceitos. Nossa, como eu era preconceituosa. Se saía um tiquinho do que era o conhecido, para mim, pronto! Não servia pra andar comigo. Às vezes, eu me impunha até na escolha de quem frequentaria nosso apê.

Uma vez, achei cinza de cigarro no vaso do banheiro e fiz um escândalo porque cismei que era de maconha. O drama foi tanto que até hoje não sei se era ou não, tamanho o nível do barraco que armei.

Mas eu também era divertida e entusiasmada. Gostava de fazer graça. E essas minhas tolices eram um prato cheio de risadas. Fora as minhas caduquices precoces. Com 20 aninhos, a memória era de idosa, e a distração, se tivesse diagnóstico naquele tempo, seria o último grau de Transtorno do Déficit de Atenção com Hiperatividade (TDAH).

Uma vez, fiquei irada porque o trânsito estava muito intenso. Estacionei o mais perto possível de casa e fiz o resto do caminho a pé. No dia seguinte, acordei cedo para ir à faculdade, e, quando cheguei na garagem: cadê meu carro? Surtei!

Subi desesperada, e minha amiga, que já desconfiava da minha síndrome, me ajudou a fazer uma retrospectiva do dia anterior e, antes que ela terminasse, me veio a lembrança: "Ah, já sei! Estacionei a um quarteirão daqui".

Foram cinco minutos de coração disparado até ver o Cicatriz. Esse era o apelido do meu Escort. Apelidei assim, um ex-corte, porque vivia batido. Eram manobras apressadas na garagem, incluindo uma ré com o porta-malas aberto, que faziam o dono da seguradora arrepiar os cabelos.

Teve um grave acidente também, e eu tenho que agradecer aos meus anjos para o resto da vida, porque eu poderia ter ido embora deste plano na mais tenra idade.

Estava indo pra ginástica, na avenida Nove de Julho, e o trânsito das 18h já era insano. Como estava virada para o lado contrário de para onde deveria ir, decidi fazer um *"U turn"*, megaproibido. Aproveitei que o sinal fechou do outro lado e dei praticamente um cavalo de pau para a faixa que eu queria. O ônibus que vinha do meu lado na pista, pelo corredor, me pegou em cheio na porta e me virou exatamente na direção que precisava.

Todas as cabeças saíram para fora do ônibus e gritaram, em uníssono: "Sua louca!".

Engatei a primeira e segui rumo ao meu destino. Chegando lá, o manobrista abriu a porta e, claro, a porta caiu. Tranquilamente, eu pedi para ele amarrar, que eu ia fazer minha aula. Na volta, recebi o Cicatriz com uma corda impedindo a minha entrada. Agradeci, e entrei pela porta do passageiro tranquila e serena, depois de pular uma hora e liberar bastante serotonina no meu cérebro.

Chegando em casa, a descarga de adrenalina e cortisol veio com tudo na hora de ligar para os meus pais, que já estavam até se acostumando e só me mandavam ligar para a corretora. O seguro bancou o último estrago do Cicatriz. O dono ligou para o meu pai, dizendo que não poderia mais me aceitar como cliente.

Cheguei no limite do prejuízo para a corretora Minas Brasil. Que vexame, Zito Sabino.

Não satisfeita, enquanto meu carro estava no conserto, pedi emprestado o do meu namorado. Era um Escort também. E não é que bati de novo? Quase morri de vergonha na hora de contar para ele. Era comecinho de namoro e eu nem tinha intimidade. O coitado teve que bancar na raça, porque era muito gentleman.

Outro gentlemen bem intrigante, eu conheci meses antes de fazer intercâmbio em Londres, na escola preparatória Berlitz. Nós nos encontrávamos nos intervalos para ter um papo cabeça. Ele não só gostava de filosofar como tinha nome grego: Telêmaco.

Ele me ganhou no intelecto quando eu nem sabia que já era filósofa de carteirinha. Eu chamava de conversa de escafandro.

O raso não me seduzia.

Uma noite, ele me convidou para ir dar uma volta e parou, atrevido, na casa dele. Uma edícula, com entrada independente da residência da família. Quando entrei, sem jeito, descobri que era o quarto dele!

Dei uns beijos frios, e logo pedi para me levar embora. Estava com muito medo!

Mas foi sem nenhum medo que embarquei pra uma viagem que fazia parte do script das moças que se formavam e ainda não tinham uma carreira. Tipo um sabático, um *pit stop* na vida pra abastecer as ideias. No meu caso, escolhi Londres porque foi o que o universo me proporcionou. O caminho mais fácil. Minha mãe conhecia umas primas de umas primas, que já tinham ficado numa casa, e gostaram.

A localização era excelente, em South Kensington, a uns dez minutos da escola, atravessando o Hyde Park (um respiro nos dias cinzentos, que eram quase todos). Não tinha Google Maps pra fazer o caminho virtual e perder o encanto da surpresa. A escola era bem conceituada. Mas não me lembro de termos nos preocupado com a dona da casa. Deu no que deu.

Quando já estava há algumas semanas no meu apartamento em Londres, recebi uma carta do meu colega da Berlitz. Ele dizia coisas muito engraçadas e estranhas ao mesmo tempo. Na carta, eu era casada com ele e tinha deixado nossos filhos e os cachorros para trás. Ele descrevia o quanto todos sentiam a minha falta, dava detalhes do cotidiano deles sem mim, e fazia declarações fofas, como se fosse meu marido.

Achei aquilo, simplesmente, o máximo! Entrei na viagem da cabeça dele, respondendo à altura. Criatividade nunca me faltou e eu surfei naquela onda bonitinho. Acho que recebi mais algumas de volta e respondi, mas, do nada, nunca mais ele se correspondeu comigo e eu nunca mais o vi.

A chegada na Inglaterra foi dramática! Era uma manhã chuvosa, tipicamente londrina, e minha *landlady* era uma megera digna de um filme de Hitchcock.

Uma dessas velhas loucas de filme de terror, com o rosto branco, de base fosca mais clara que o tom de pele, olhos esbugalhados, cabelos ralos arrepiados pra cima, de camisola transparente e peitos caídos. Foi assim que fui recebida no meu novo lar.

Mal deixei as malas no meu quartinho dos fundos e corri para o orelhão vermelho pra ligar pra minha mãe. Chorei todas as pitangas, e, do outro lado, ela disse, firme: "Calma, filha, você acabou de chegar. Vai descansar, amanhã é outro dia". Sempre ouvi essa frase em casa, que provavelmente minha mãe tirou do filme *E o vento levou*, quando Scarlett O'Hara diz, olhando para o horizonte: *"Tomorrow is another day"*.[1] Senti-me acolhida.

Quando amanhecia, tudo se transformava. Pelo fuso devia ser final de tarde, para mim, lá. Esse é um horário que sempre me deixou mais melancólica.

Vamos aguardar, pensei.

Fui dormir. Acordei com o barulho da chaleira chiando no meu ouvido. Meu quarto dava diretamente para a cozinha. Mais precisamente, para o fogão. Nesse dia, ainda não tinha aula, era um domingo

---

1 Em tradução livre: "Amanhã é outro dia".

cinza, como muitos que passei durante os seis meses que estive por lá.

Na mesa do café, conheci meus colegas de apartamento. De cara, gostei da italiana. Uma grandona, loira, enfermeira, de olhar penetrante e risada grossa. Ficamos umas boas horas na cozinha, gastando nosso parco inglês e reconhecendo-nos. Sim! Acredito que todos que cruzamos pela vida são reencontros, oportunidades de aprendizados que não foram ainda concluídos.

A brasileira era mais dorminhoca e só fui vê-la mais tarde. Débora! De Porto Alegre. Lembro-me bem do nome e da fisionomia. (Recado para ela: caso você um dia se depare com este livro, saiba que procurei você no Orkut e no Facebook por muito tempo.)

Tivemos aventuras incríveis juntas, sendo a viagem para a Grécia a mais surreal de todas. Vou contar em detalhes, mas antes quero apresentar os outros coleguinhas.

Quem estudava no mesmo horário e escola que eu era a japonesa, que apelidei de Lily, porque estava lá para aprender inglês, não japonês. Com metade da minha altura, ela se sentia protegida andando comigo. Eu dava um passo, ela tinha que dar três. E assim íamos juntas, todos os dias, para a King's School. Era uma figurinha. Eu morria de rir do inglês dela. Não que o meu fosse muito melhor, mas a dificuldade dela com o "r" fazia o *"really"* virar "lilly". Não foi uma nem duas vezes que a vi pedir *"a cup of tea"* e lhe trazerem cappuccino, e ela, naquela educação e humildade toda, bebia leite, mesmo odiando. O sotaque que reforçava a última sílaba era inevitável.

A outra moça que morava conosco era das Filipinas. E, para o meu estilo de vida, ela era repelente! Se dormisse no mesmo quarto que eu, teria que me mudar de casa.

Debaixo da cama, ela guardava uma lata com carne. Sabe quando não existia geladeira ainda no Brasil e guardávamos as carnes de panela em latas, para conservar melhor? Pois é. Só que a dela era uma carne escura, gordurosa. Eu morria de medo de ela me oferecer. Graças a Deus, a educação dela não permitia e ela devorava enormes pedaços na nossa frente, sem oferecer uma migalha sequer.

Nossa *landlady*, a temível velha de Hitchcock, se chamava *Mrs.* Rubens. Nunca esquecerei o nome dela, tal a força de sua personalidade, pra não falar loucura, mesmo!

Ela só falava conosco gritando. Não pedia, mandava. Era superdesorganizada, o quarto dela parecia um ninho de ratos, mas ai de nós se deixássemos um copo na pia. Ela mesma deixava xícaras, pratos, fora os restos de comida e, o pior, seu cabelo. A velha era careca porque não se dignava a recolher todos os fios que largava pelo chão. Era porca e interesseira. Logo percebi isso, e essa foi a minha arma para conquistá-la e tentar fazer com que me tratasse melhor.

Quando ela especulava sobre a minha vida no Brasil, eu mentia horrores. Aumentava exponencialmente a riqueza da minha família, e ela arregalava aqueles olhos de tireoide num *"Really?"* que dava até medo. Mas fui amaciando as carnes dela e ganhei até alguns sorrisos amarelo-amarronzados de presente.

Certa vez, ela adoeceu. Dava umas tosses de cachorro e só se levantava pra cuspir um catarro escuro.

Nessa época, eu ainda não era uma hipocondríaca de carteirinha, mas já corria nas minhas veias esse sangue. Desde que a vi, no primeiro dia, não entendia como ela dava conta de cuidar de cinco moças, sendo tão debilitada de saúde.

Via-se ali um ser que estava lutando para dar conta de viver. E, naquele dia da tosse, isso ficou bem claro. A situação era caótica. Ela não tinha ninguém que cuidasse dela. Não tinha dinheiro para ir ao médico, nem amigos, nem família. Enquanto estivemos lá, nós éramos suas filhas. A italiana enfermeira fazia estágio e estudava, não tinha tempo para cuidar dela. Então me vi, por vários dias, lavando o penico, trazendo água, fazendo chá e companhia. Contando histórias e escutando as mais absurdas e sem nexo da boca dela.

Eu tinha muita pena. E ao mesmo tempo muita raiva. Pensava: *como alguém se deixa chegar neste estado?*

Depois descobrimos que ela tinha uma filha e que todo dinheiro que ganhava dava para essa mercenária, de quem nunca vi a fuça.

Soube que ela morreu menos de um ano depois que eu voltei para o Brasil. Mas fico feliz de ter tido a oportunidade de arrancar algumas risadas dela e sou grata por ter me disciplinado nas minhas bagunças. Eu era mesmo um caso sem solução.

Minha mãe costumava dizer que sabia tudo que eu tinha feito na semana, somente pelas camadas de roupa que eu deixava na poltrona do quarto.

Quando fui casar, meu pai disse ao noivo: "Você vai conviver com uma pessoa muito alegre, divertida, leve, mas se prepare, ela é baguncenta demais!".

Que bela propaganda, hein, seu Tetente?! Mas meu pai nunca soube mentir, portanto, nada mais justo do que alertar o genro a respeito desse pequeno inconveniente.

Verdade seja dita, minha mãe pelejou comigo. Não deixava a arrumadeira organizar minhas bagunças, me enchia o saco todo dia, e, mesmo assim, eu seguia espalhando coisas pela casa, sem a menor noção de respeito pelo espaço do outro.

Quando entrava no escritório do meu pai para falar com as amigas no telefone, deixava tudo em lugar diferente e rabiscava as cadernetinhas com uns rococós que fazia com uma mão, enquanto tagarelava e enrolava o fio do telefone com a outra. Será que já era ansiedade?

É... a ansiedade me fez perder grandes momentos da minha vida. Com o corpo vivendo uma experiência e a cabeça vivendo outra, é impossível aproveitar por inteiro o que está acontecendo.

Se é uma experiência prazerosa, você não consegue desfrutar, se é um aprendizado doloroso, você não aprende a lição toda.

Londres foi uma dessas experiências que eu poderia ter aproveitado mais. Ficava muito tempo comendo bolacha amanteigada, aquela do pacote xadrez preto e vermelho, e outra que chama Digestive (de digestiva não tinha nada, era pura manteiga), e dormindo para passar o tempo. Não trabalhei enquanto estudava. Teria sido um aprendizado e tanto. Fiz umas parcas tentativas em contatar agências de publicidade, mas obviamente não tive a menor chance. Estrangeiros na Inglaterra têm direito a "subempregos" e não a tomar o lugar de graduados.

O que é justo! Mas servir em restaurantes e bares não combinava nada comigo. Vender em loja, até que sim. Tinha tido uma experiência no Shopping Iguatemi, na Fiorucci. Essa vale a pena contar. No quarto período da faculdade, lá pelos 19 anos, estava sentindo-me meio ociosa, e decidi arranjar emprego. Minha rede de contatos me levou até o Iguatemi, e fui contratada pela marca dos dois anjinhos, a Fiorucci.

Na primeira semana, as colegas de trabalho massacram você e lhe dão uma espécie de trote. Todo cliente "caroço" que entrava, elas me mandavam atender. Caroço era o nome de quem só olha e não compra. Um desse tipo entrou. De chinelo, bem mal vestido, e, claro, lá fui eu. Não é que o cara era agricultor, de Goiânia, e no auge da safra de soja, de bolso cheio, comprou 25 calças jeans?! Podem imaginar minha felicidade. Ganhei, já de cara, o título de vendedora do mês, para total arrependimento das traíras que me empurraram aquele Zé Ninguém, que na verdade veio a se tornar um clientaço que nunca mais voltou. Eu acho. Porque quem não voltou, na verdade, fui eu. Vou contar por quê.

Depois do episódio do caroço, ganhei moral e passei a ser ouvida. Então tive uma brilhante ideia. Como a gerente estava nos pressionando para aumentar as vendas, eu falei para o vitrinista: "Vamos fazer uma vitrine viva? Uma de nós veste as roupas, vai para trás da vitrine e, quando o cliente passar olhando, a gente pisca e chama para vir na loja". Todos amaram, e lá fomos nós concretizar na matéria o que passou por minha mente fértil. Bomba! A gerente descobriu, me chamou no escritório e me deu um ferro tão grande e humilhante que aproveitei o ensejo e pedi demissão. Mais um coito interrompido na minha vida.

Já em Londres, não tive tesão para correr atrás de empregos. Na verdade, não precisava. Esse é outro fato importante. Quando você tem recursos, dinheiro não é uma questão, então você arranja outros problemas.

Enquanto a maioria dos estudantes trabalhava e estudava, eu não fazia bem nem um, nem outro. Empurrei com a barriga os seis meses do curso de inglês. E viajei pouco, considerando a disponibilidade financeira que tinha. Mas, com 21 anos, uma caipira de Uberaba na Europa, medrosa, não vai muito longe sozinha.

Tive algumas companheiras de viagem, mas foram poucas.

A Sônia, uma argentina linda, disputou comigo um brasileiro gato, novinho, que viajou conosco de navio. Nenhuma ficou com ele, porque ele teve medo das duas. Não arriscou, e nós não o atacamos. Mas a Débora, com essa nem me atrevi a disputar ninguém, porque a moça era expert. Aproveitou sua temporada londrina sendo extremamente paquerada, acabou correspondendo a uns tantos galanteios. Mas deu um break nos seus *affairs* pra viajar comigo pra Grécia.

Tínhamos um conhecido grego que estudava português na King's School. Ele era fascinado pelo Brasil e, óbvio, tinha uma queda enorme por brasileiras. Um dia, conversando com ele e buscando saber quanto custava ir pra Grécia, ele nos fez uma proposta irrecusável. Um superamigo dele tinha um superapartamento de frente para a superAcrópole.

Devíamos ter desconfiado dos superlativos, mas a empolgação latina nos impediu de ver qualquer perigo. Lá fomos nós, de Olympic Airways. Quando me lembro dessa companhia aérea, me vem a cena do filme *Bernardo e Bianca*, quando o pássaro levanta voo, custando a bater as asas e atingir o céu infinito.

Meu medo de avião ainda não era grande, portanto, foi uma viagem estressante, mas não apavorante.

Olhando para todos os caras de plaquinha na mão, não foi difícil reconhecer um que estava com camisa do Brasil e segurava nossos dois nomes por escrito. O amigo do nosso amigo. Sorrisos amarelos e, de cara, percebemos que ele não falava uma palavra sequer de inglês. Ele literalmente falava grego!

Chegando no apartamento, que, na verdade, era uma quitinete — realmente com uma vista linda da Acrópole —, o único quarto já nos esperava bem arrumadinho. Tinha até roupão e chinelo. Depois de muita mímica, entendemos que era para tomarmos banho, comer um sanduíche e dormir. Ele ia trabalhar no computador, na sala.

Não ficou claro onde ele ia dormir, mas estávamos tão cansadas e ansiosas para conhecer Atenas que seguimos o script desenhado por ele.

Sabe quando você está pegando no sono e algo estranho invade esse lusco-fusco da mente quase apagando? Era ele, entrando sorrateiramente no quarto. Parecia cena de filme de terror. Quando abri os olhos, ele estava em cima da nossa cama, olhando-nos. Catei a mão da Débora e comecei a rezar. Ele se virou, abriu a porta do armário, pegou algo e saiu. Assim que escutamos a porta do apê fechar, levantamos e olhamos assustadas uma pra outra. Sem pestanejar, catamos as malas e, às 23h, saímos pelo centro de Atenas, desesperadas, à procura de um hotel.

Você já ficou em algum hotel no centro de São Paulo, bem baratinho? Então, essa foi nossa opção, só que em Atenas. Até barata tinha. Não dormimos, e nosso barco para Mykonos saía ao meio-dia.

Aliviadas e seguras em alto-mar, fomos balançando num barcão e descemos na segunda ilha em que ele parou.

Que visual maravilhoso. *Mamma Mia!*, você perdeu. A rusticidade e o charme daquele lugar nos encantaram. O carro que pegamos para ir até o hotel era pior que um Fiat 147, e as malas iam rolando em cima de um precário bagageiro a céu aberto e batiam na barra de ferro, que impedia que elas rolassem morro abaixo. De burrinho seria bem mais seguro, mas a gente não estava a fim de descer nem subir a pé.

Nosso hotel era simples, mas limpinho.

Praia, já! Muuuito sol e, claro, topless. A primeira vez, a gente nunca esquece. Eu, que tenho um couro mais forte, me estirei de frente para o sol e fiquei "jacarezando" por horas.

Não me lembro se a Débora se protegeu com filtro, mas o fato é que eu tive queimadura de segundo grau nos peitos. Uma dor dilacerante me levou à farmácia. O remédio? Iogurte. Tenho até foto para provar, não mostro porque a cena é terrível.

O iogurte grego é um espetáculo. Mas meus peitinhos nunca mais sentiram o sol direto. Mentira, no meu primeiro filho, a moda era tomar sol nos bicos para fortalecer e não rachar com a amamentação. Foi a única vez que os expus aos raios UV depois do meu momento Afrodite. A metáfora mitológica durou pouco. Logo se transformou em arte colombiana. De tanto *fish and chips* e bolacha amanteigada, virei uma "gorda" do Botero nos seis meses de gastronomia londrina. Sem exercício físico nenhum e com muita gordura hidrogenada, as dobras da minha pança eram maiores em quantidade do que as das madonas do Botero, porém menores em extensão. Afinal, eu tinha 21 aninhos, e ele retratava mulheres mais velhas, no auge de sua maturidade sexual.

Aproveitamos muito as noites em Mykonos. Os bares e as boates se interligavam uns aos outros. Você estava numa pista de dança de uma festa e logo ia pegar uma bebida em outra, passando por uma varanda que dava para o mar. Era surreal!

Tão bom, que resolvemos ficar mais. Mas, para a consciência e o bolso não pesarem, porque planejamos um tanto de dinheiro para gastar com essa *trip*, decidimos sair do hotel e ir para um lugar mais barato.

Achamos uma casa de pescador que tinha um puxadinho de um quarto. Quando a mulher abriu, um gato preto pulou em mim. Aquele era o cafofo dele. Não foi um bom presságio. Mas aceitamos mesmo assim. Bastou uma noite mal dormida em um lençol com textura de pano de prato pra gente decidir que já estava bom de Mykonos. Londres nos aguardava.

Duro foi encarar o amigo grego com a maior cara feia pra nós. Demorou quase uma semana para termos coragem de ir falar com ele. Indignado, ele dizia: *"Do you think I am dangerous?"*.[2]

"Você, não! Mas seu amigo pareceu. Nossa cabeça maldosa, ou medrosa, interpretou tudo errado", respondemos.

---

[2] Em tradução livre: "Acham que sou perigoso?".

Só nos restou esperar que nos perdoasse, e que pedisse perdão ao amigo gentil que nos cedeu a cama e o chuveiro, e foi dormir na casa de amigos pra não nos atrapalhar. E tudo na faixa! Um vexame pra nós! Débora, se um dia você ler essa história, por favor, me corrija. Como eu disse no início deste livro, memória é uma coisa traiçoeira. Vem muita fantasia junto.

Quando retornei para Uberaba, dez quilos mais gorda, fiquei meio borocoxô uns dias. Só uns dias. Na primeira desinchada, já fui de minissaia dançar na balada que na época estava bombando na cidade: a Hipodrome. A pista era minha casa. Saía só pra buscar o uísque e, claro, se algum moço resolvesse me tirar pra um papo. Mas a minha autoestima não estava muito magnética, então eu me entregava com todo amor ao Barry White, do começo ao fim da noite. Sem modéstia, eu tinha um charme especial que me dava certo destaque na pista. Eu gostava disso!

As paqueras eram de longe, olhares compridos e uma ou outra conversa de pé de ouvido que, às vezes, me pegavam no caminho até o banheiro. Mas tinham que bater muito mais forte que os arranjos de Roberto de Carvalho. Quando tocava "Lança perfume", a concorrência era desleal. Ninguém calava mais fundo no meu coração que a Rita Lee. Na verdade, a pista de dança não é um lugar pra desenvolver um papo e conhecer melhor alguém.

Eu ia pra Boîte para paquerar, sim, tenho que admitir. Mas a inteligência já era um atributo muito valorizado por mim. E, num papo raso, com som nas alturas, e mexendo o corpo e a cabeça pra lá e pra cá, era impossível reparar nessa qualidade, que, no fundo, era também muito temida por mim.

Eu colocava os bem-dotados cognitivamente num patamar acima de mim. E os que considerava mais bonitos que eu também. Costumava me diminuir frente a algumas pessoas que eu julgava ter um raciocínio mais lógico ou um conhecimento de mundo mais ampliado que o meu, e uma beleza mais evidente. Questões de autoestima já eram minhas conhecidas, mesmo sem saber.

Saindo um pouco da métrica dos setênios pra contextualizar como foi se consolidando esta característica, a da baixa autoestima, vou contar uma história. Um bom exemplo do que uma experiência na infância pode causar na vida adulta.

Quando criança, eu tinha duas primas lindas, de olhos verdes e cabelos cacheados. Eu também queria ter olhos verdes, e reclamava para minha mãe. A coitada, não tendo como me providenciar o atributo biológico, soltava pérolas de consolo, como: "Mas elas são tímidas e não saem da barra da saia da mãe. E você é tão alegre, extrovertida, interessante".

Reforçando, assim, a comparação, e dando-me um alvará de independência muito precoce: "Você é interessante, então não precisa de mim". Hã?! Como assim? Minha mãe está dizendo que, se eu sou interessante, portanto, eu posso me virar sozinha? O que é ser interessante?

Ou ela estava dizendo que não é preciso olhos verdes para ser amada?

Queria concluir a história dizendo que um sofrimento jamais pode ser desconsiderado, invalidado, menosprezado. Ainda mais quando se trata de uma dor de criança. Por mais exagerado e descabido que seja, é preciso desenvolver com a criança condições, compatíveis com o universo dela, para que consiga elaborar o que sente de forma mais funcional.

Como interpretamos o que nos dizem quando criança é muito perigoso. Nessa fase de vida, o sentir é muito mais forte e evidente do que o pensar.

A capacidade de elaborar emoções é ínfima, e, dependendo da psique desse ser, o sofrimento gerado pelas experiências traz danos irreparáveis. O que pode se tornar um trauma, ou um adulto disfuncional.

No meu caso, como percebi logo no início da vida adulta, tinha questões que necessitavam ser olhadas de perto, então entrei pra terapia com 22 anos.

Nesse episódio que contei, se fosse eu a mãe, seria um desastre muito pior. No mínimo, eu ia dizer: "Ai, filha... você é linda também com esses olhos pretos de jabuticaba". Ou, dependendo da emoção do dia, diria: "Cai na real, você tem olhos pretos e cabelo liso, se conforma e toca o bonde".

A forma como as nossas mães amenizam nossas dores infantis reverbera na nossa autoestima de adulta, com certeza. Algumas frases ficam gravadas no nosso inconsciente e saltam do nada, como: "Inteira com panca".

Essa era uma que me minha mãe dizia quando eu, já depois dos 21, reclamava do cabelo, da roupa ou da falta de atributos estéticos. Esse jeito de lidar com a baixa autoestima era o jeito dela, e "panca" não funcionava pra mim.

Mas, pensando melhor agora, assumo que eu usava, sim, minha "panca" ao me exibir dançando.

No próximo setênio, segue o baile da moça que não se achava lá essas coisas, e mesmo assim se aventurou pra além da pista de dança.

CAPÍTULO 4

QUARTO, QUINTO E SEXTO SETÊNIOS
21 a 42 anos

No quarto setênio, desabrochou uma parte de mim que perdurou por mais dois e me trouxe aprendizados tão preciosos que até hoje me pego pondo em prática uma sabedoria corporativa que se encaixa em tudo que me disponho a fazer. E talvez tenha sido um remédio fundamental na cura da minha baixa autoestima, pelo menos parte dela.

Antes de me aventurar numa carreira solo, passei pelo show business e depois abri minha primeira agência, a Publimarketing, com dois sócios, minha prima Ana Letícia e o Hélio Jr. (*in memoriam*).

O nosso maior sucesso no show business foi a "Festa do Pantanal", uma festa baile (era o nome que usava na época para eventos com música e dança), com direito a apresentação do Sérgio Reis — no auge da novela *Pantanal*, da rede Manchete.

Foram 4 mil pessoas num espaço que caberia 3 mil bem acomodadas em mesas. Mas nós (eu, Ana Letícia e Hélio Jr.), inexperientes e gulosos empresários de primeira viagem, empolgados com o ibope e o burburinho que a festa causou, vendíamos mesa sem nem ter o lugar físico. Aquela inconsequência dos vinte anos trazia a certeza de que tudo daria certo, e no fim dava mesmo. Ou nem tudo.

O show foi um tremendo sucesso! Sérgio Reis teve que tocar berrante várias vezes para acalmar o povão (o que surtia o efeito contrário), e nós tínhamos que fazer várias viagens até a portaria pra buscar os sacos imensos de dinheiro.

Mas, pra não motivar ninguém a entrar para o show business, preciso relatar outro evento que foi um fracasso!

Meu pai amava dançar, tinha um gosto musical bem apurado, e me deu uma ideia: "Por que vocês não trazem os Três do Rio?". Esse era um conjunto que ficou famoso pelo jingle do banco Bamerindus, que falava assim: "O tempo passa, o tempo voa, e a poupança Bamerindus continua numa boa".

Eles eram bem simpáticos, já o empresário deles...

No dia da apresentação, já com o caminhão parado na porta do lugar onde seria o evento, o empresário ficou furioso ao saber que não tínhamos vendido a quantidade mínima de ingressos.

Mandou nos avisar que, se não pagássemos o cachê integral, iríamos arcar com uma multa salgada, e ele ainda ia queimar nosso nome no mercado.

Apelei para o dono da ideia, e meu pai deu um jeito de abrir o banco no domingo. O gerente fez um cheque administrativo para quitarmos o nosso compromisso. Bons tempos, hein?! Hoje não conseguimos nem falar com um gerente, quanto mais abrir um estabelecimento desses pra acudir uma demanda fútil.

Bom, encerramos nossa carreira com uma festa linda, trinta casais dançando de rodopiar, num salão onde caberiam duzentos. Entre essas duplas, meu pai e minha mãe, elegantemente, não saíam da pista. Penso que pra honrar a sugestão.

Depois dessa aventura como empresária, me lancei no mercado da publicidade. Primeiro na Publimarketing, depois empreendi corajosamente na minha carreira solo na agência que me trouxe muitas realizações, picos de autoestima, além de gastrite e crises de ansiedade.

Nativa foi o nome que escolhi. Nessa fase da minha vida, que em 2024 completou onze anos de encerrada, fui muito feliz. Aconselho todo mundo a empreender alguma vez na vida. Na verdade, meu conselho é: criem. Seja o que for.

Concretizem algo que saiu de dentro de você. Pode ser filhos. Tem gente que se completa profundamente com essa tarefa. Não foi meu caso. Precisei de um tanto mais.

Trabalhava enlouquecidamente quando minha bolsa estourou e nasceu meu primogênito. Voltei a trabalhar após uma semana do nascimento dele.

Arrependo-me conscientemente. Muito se diz: não se arrependa de nada, foi o que foi possível naquele momento. Mas não peçam a uma canceriana para olhar para o passado e não querer ter feito diferente.

Pra mim, é impossível! Não ter acompanhado de perto a infância dos meus filhos me fez falta. E com certeza fez falta pra eles também. Mas todo mundo sobrevive. Seja à falta de presença, de recursos materiais, de sanidade mental, afeto, seja o que for que permeie o nosso núcleo familiar. No fim, cada um se vira com o que tem e com o que não tem.

Eu tive um período em minha vida que foi muito produtivo materialmente. Realizei na matéria muita coisa do meu mundo imaginário e isso me fez muito bem por um tempo.

Sempre tive veia criativa. Apesar de ter escolhido essa profissão meio aleatoriamente, nunca me arrependi de a ter exercido por tantos anos.

No início, foi numa salinha no edifício Chapadão, sétimo andar. Tudo meu que é bom tem o número sete envolvido.

Meu pai me emprestou essa sala, que era em frente à dele, separada por uma divisória. Também me deu um fax da marca Brother pra eu começar meu *business*.

Eu criava, escrevia e vendia, e precisava do Ney Braga pra ilustrar. Eu não fazia o "O" com o copo. O Ney era o melhor artista daquele tempo e trabalhava para outras agências também. Já existia freela aquela época. Pensa num cara gente boa... e enrolado. Como todo indivíduo que desenvolveu mais o lado direito do cérebro. Eu adorava o talento do Ney. E ele foi responsável por uma grande parte da construção da minha autoestima como publicitária.

Seus layouts eram "aprovados de prima", como a gente dizia. Uma imagem realmente diz mais que mil palavras.

Depois teve a fase do Fabiano Oliveira, que começou como freela de direção de arte, mas logo foi contratado. Fabiano tinha um senso estético refinado, coisa ainda rara num universo poluído de excessos de cores, formas, texturas, efeitos, que tumultuavam a clareza da mensagem. Junto com a Renata, excelente vendedora, formavam os parceiros perfeitos para que eu começasse a crescer no mercado ainda incipiente da publicidade em Uberaba. Eu me considerava péssima em vendas, e a Renata me ensinou muito, com jeito firme e sedutor de ganhar o cliente, na classe e competência. Baixa confiança não era uma questão dela nesta vida, mas era minha.

Quando ela e o Fabiano saíram pra montar sua própria agência, a Futura, tremi nas bases. Achei que seria dizimada pela competência dos dois. Um equívoco tão absurdo, que mais tarde viramos sócios e unimos nossas expertises num consórcio que nos rendeu muita grana e prestígio.

O Fabiano é, até hoje, um profissional da área que admiro muito. Um *self-made man*, só pra usar um termo chique. Porque ele é chique. Cara elegante. Incapaz de levantar a voz. De uma classe e doçura que encantavam seus alunos de faculdade e funcionários. Todos os melhores criativos de Uberaba queriam trabalhar na Futura. Eu sofria pra conseguir bons profissionais, porque ele bebia na fonte. Já escolhia os redatores e diretores de arte em formação onde dava aula, na Uniube, e conhecia seus talentos.

Mas isso não me impediu de ser uma das agências mais bem conceituadas de Uberaba. Era um meio relativamente pacífico. Uma agência de publicidade, quando começa, não pode escolher o mercado com o qual quer trabalhar. O cliente que aparecer é esse mesmo, e dá-lhe criar pequenos anúncios de jornal, panfletos, spots de rádio para boutiques, farmácias, indústrias e o que mais aparecer, sejam amigos ou indicação de amigos que têm negócios. Assim se inicia. Com boas indicações. E um bom trabalho, claro!

Mas bom não significava sempre resultados.

Lembro de muitas campanhas que foram tremendos fracassos, mas que marcaram a história das empresas que me contrataram, ou para nunca mais me contratar ou para aprender com o erro e mudar o rumo da comunicação. Foi o que aconteceu com a campanha de uma grande amiga, que na época ia abrir uma loja d'O Boticário, no centro da cidade (ainda se chamava "Raízes Botica").

Criei um fôlder com a chamada: "Ecologistas invadem o centro da cidade". Era uma frente como se fosse um recorte de jornal. E a matéria dizia que iria abrir uma loja d'O Boticário no centro e você estava sendo convidado para a inauguração. Era uma mala-direta que chegava na casa das pessoas.

Minha cliente/amiga, a Tiza, me ligou dizendo que recebeu inúmeras ligações de pessoas querendo saber se estava tudo bem com ela e com a loja, devido à invasão. Não lembro se ela riu, mas, apesar do ridículo da situação, eu não consegui achar graça e me culpei inteira por não saber me comunicar com o público-alvo.

Ser criativa não significa necessariamente se comunicar bem. Ser direta foi uma coisa que aprendi com o tempo.

Depois de ficar alguns anos atendendo ao varejo, fui aos poucos ampliando a carteira para empresas mais robustas, chegando a atender à prefeitura e ao principal shopping em parceria com a empresa de Fabiano e Renata.

Foram tempos de vacas gordas. Quando, num arroubo, ou num dos maiores insights da minha vida, decidi parar de atender ao varejo como um todo.

Lembro que estava à minha mesa, com três revistas esperando para serem lidas.

Uma era o *Diário Oficial*, que era obrigada a ler por causa da prefeitura; a outra era uma revista de varejo; e a terceira era chamada de *DBO*, o maior e melhor conteúdo do *agribusiness* da época. Deparei-me com esses assuntos totalmente diferentes e disse pra mim: "Cristiana, chega! É impossível ser boa em áreas tão distintas. Você vai ser a melhor em apenas uma delas".

Até que escolhi me especializar no agronegócio. Aí foi quando o bicho pegou. Um mercado 100% masculino, rústico em termos de habilidade para lidar com a linguagem publicitária.

Quero fazer um parêntese aqui para honrar a minha ancestralidade. Filha, neta e bisneta de fazendeiros, me senti compelida, conscientemente ou não (achamos que muitas das nossas escolhas são conscientes, mas não são), a especializar-me nessa área que eu tanto neguei na minha adolescência. Como contei, era um martírio pra mim as férias na fazenda. Detestava! Preferia mil vezes a cidade.

Mas, ironias do destino à parte, por muitos anos fui obrigada a frequentar as propriedades dos meus clientes, suas cocheiras e seu cheiro de bosta que eu tanto abominava.

O agronegócio foi o que me criou e me sustentou até meus 23 anos, quando ainda dependia da ajuda financeira do meu pai. E foi esse mercado que mais me rendeu frutos, que reverberam até hoje, nas mãos da Andrea e do Leandro — os dois sócios que compraram a Nativa, em 2013.

Na época em que trabalhei atendendo os criadores de gado, eu dizia que tinha que catequizar os clientes. Sentia-me o padre Anchieta do agronegócio. Precisei ter imensa paciência para explicar aos fazendeiros que eu atendia a necessidade de divulgar seus produtos. Tornei-me uma boa vendedora na marra!

Eles estavam acostumados a receber, em suas fazendas, visitas interessadas em comprar sua produção. Não havia necessidade de nenhum esforço de venda. O cliente ia até a sua porta, porque a propaganda era o boca a boca. Isso funcionou por um tempo. Mas, à medida que a produção aumentou, e com a inseminação artificial, a concorrência foi multiplicando-se rápido. Vários criadores tinham boa mercadoria e começavam a ter dificuldades de atrair clientes.

Foi aí que começaram os leilões de gado, onde se podia comercializar maior quantidade, para um número maior de interessados, num mesmo dia.

Esses eventos foram ganhando força, e com isso a agência estava sendo cada vez mais solicitada para divulgá-los.

Escolhi o *agribusiness* e foram os quinze melhores anos da minha empresa. Foram centenas de leilões, algumas associações de criadores, inúmeros pecuaristas, empresas de insumos, nutrição animal, e uma linda história que deixou seu legado no mercado que até hoje é a maior potência e vocação do nosso país.

Tenho orgulho de ter, através da Nativa, honrado com louvor minha ancestralidade. Sou muito grata ao meu pai, Tetente. Ele revisava meus textos, me dava ideias de clientes e me defendia quando algum não me pagava. Também ao meu tio Claudio, que foi o primeiro que teve a coragem de me contratar pra fazer a campanha do seu leilão.

Sou grata ao meu avô, Torres Homem, ele sempre foi a maior referência pra mim. Um homem de vanguarda, que, além do dom, tinha um olho de águia e uma capacidade tremenda de formar equipe. Seu magnetismo era intrigante. Porque, apesar de não ser dos mais simpáticos comerciantes da época — seu jeitão mais sério, mas muito verdadeiro, não escondia o que pensava —, ele transmitia muita credibilidade. Pra muitos era um mito, de tão respeitado, e todos tinham vontade de estar por perto pra saber o que ele pensava. Se for exagero, tudo bem, não posso errar pra menos ao contar sua história.

O rebanho brasileiro, ou seja, a carne que chega às nossas mesas, devemos uma boa parte ao meu avô e aos pioneiros que foram até a Índia buscar a genética ideal para produzir proteína nos trópicos. E isso é grande! A importação de 1962, na qual ele e minha bisavó, meu pai e mais um irmão participaram ativamente, foi a mais importante. Trouxe exemplares que até hoje estão nas genealogias do gado brasileiro.

Muitos familiares, tios e primos, me deram a oportunidade de agenciá-los, e não posso deixar de agradecer ao meu tio José Olavo, que me colocou dentro da maior associação de gado do Brasil, a Associação Brasileira dos Criadores de Zebu (ABCZ). Trabalhei para essa instituição por oito anos seguidos. Lá, fui desafiada inúmeras vezes a apresentar campanhas para uma diretoria exigente e nem sempre coesa, o que exigia de mim diplomacia e uma inteligência emocional elevada para lidar com tantos egos e sede de poder inconsciente daqueles homens.

Chorei escondida no banheiro muitas vezes. Eu era frágil para lidar com certas pressões. Isso me fortaleceu — também me causou alguns probleminhas gástricos. Mas nada que qualquer outra profissão não causasse.

Mexer com gente é sempre desgastante. Incluindo o desgaste na parede do estômago! Melhor do que a válvula do coração.

Meu coração resiliente sempre deu a volta por cima, quando se tratava de atritos com clientes ou colaboradores.

A Andrea, que é a proprietária da Nativa até hoje, tinha uma dedicação a mim e à empresa que não me deixa dúvidas de que nosso encontro foi, sim, um resgate cármico, tamanha a nossa ligação.

Tive os melhores profissionais. Em todos os sentidos. Eram todas pessoas do bem, comprometidas, talentosas e parceiras até na última hora.

E como existiam demandas de última hora!

Cansei de levar pizza para criação na madrugada ou, de tão em cima da hora, pegar o carro à noite pra ir a São Paulo buscar material na gráfica que não podia esperar o transporte rodoviário.

Foram tantas aventuras que vivi. Desde caronas em jatinhos particulares até ter o cantor Billy Paul sentado no meu colo durante um show que deu na Mata Velha — uma fazenda de gado famosa por seus leilões milionários, a qual atendi por muitos anos, e era uma vitrine importante pra atrair novos clientes. O doutor Jonas, o proprietário, era considerado um dos empresários mais bem-sucedidos do mercado brasileiro, e quem não gosta de ficar perto de quem tem sucesso?!

Propriedades cinematográficas me deram oportunidade de produzir verdadeiras obras de arte impressas, como os fôlderes da Fazenda do Sabiá — um grande cliente que virou amigo. Ou amigos que viravam clientes.

Nunca soube ao certo.

A verdade é que, durante um bom tempo, tive o maior prazer trabalhando com publicidade. Até que um dia, num insight de comunicação entre minha alma e meu corpo, me vi atuando na pele dessa personagem Cristiana publicitária, e não gostei do que vi. Eu me senti falsa. Estava cansada de forçar ser quem eu não era.

Não sentia mais alegria em apresentar campanhas para clientes que não se importavam com o que eu colocava no papel; importava o preço.

As coisas que eram valiosas pra mim — meu manancial criativo — não tinham valor algum pra maioria. O trabalho se tornou uma concorrência exaustiva, que sugava a minha energia realizadora.

Não tinha mais tesão em pensar diferente. Não queriam pagar pela novidade. O mais do mesmo virou regra, e eu nunca gostei de repetição.

Até que um dia, num sonho, tive o vislumbre que precisava pra criar coragem de sair do jogo.

E foi uma terapeuta junguiana, querida, que me guiou nesse processo. Obrigada, Adriana Ferreira, você me ajudou a enxergar que esse ciclo tinha se encerrado e que estava emergindo outra camada em mim, que ainda precisava ser gestada, mas que o nascimento só dependia da minha consciência e da vontade de manifestá-la.

No sonho, que revelei pra ela, eu era um homem dirigindo uma caminhonete, e bati de frente com a fachada da agência, que caiu em ruínas. Foi tão marcante que, na época, mantinha um sonhário do lado da cama para não esquecer os detalhes, mas esse nem precisou. Sabia contar tim-tim por tim-tim as cenas da minha visão onírica.

Ela sempre dizia que a consciência é como um diploma na parede. Não serve pra nada se você não põe em prática. E eu logo percebi que esse meu lado masculino, que tanto exercitei nos meus 24 anos de mundo corporativo, devia sair de cena, ou melhor, ceder espaço para o meu lado feminino, que foi tão negligenciado.

Lembro que Adriana me pôs pra dançar, balançar a saia. E eu tinha sonhos com as gordas de Botero em boias gigantes, flutuando numa piscina. Para os junguianos, isso é um banquete simbólico, e a minha terapeuta, que sabia como ninguém trazer o corpo para o trabalho terapêutico, me despertou para o sentir, mais do que intelectualizar esses símbolos. Aos poucos, fui percebendo que meu momento de vida era outro.

O que vinha sendo pedido de mim era algo que tinha muito mais a ver com o universo feminino.

Seis meses depois de vender a Nativa, abri uma casa de cursos. A Casa Dharma foi um espaço extremamente feminino.

Tínhamos aula de culinária, história da arte, yoga e meditação. Oficinas de artesanato e sessões de cinema comentadas. Passaram por lá inúmeras uberabenses interessadas em se conectar com essa energia.

Mas o projeto era muito vanguardista pra cidade, e eu não queria empreender em algo que me prendesse.

Meus filhos já estavam independentes, e minha liberdade para fazer o que mais amo foi ampliada. Viajar e deixar a escola não era uma opção. Tudo dependia de mim. Minha irmã era minha sócia. Sem ela, o negócio não teria se concretizado. Ela embarcou no meu sonho e foi parceira até o último minuto. Mas era uma pessoa de exatas, cuidava das contas. A responsabilidade de criar os cursos e fazer a escola acontecer era minha.

Liberdade é uma força que rege meu querer mais íntimo e profundo. Tenho a necessidade da segurança de um lar, de um casamento, de uma família. Mas preciso de espaço para florescer. E essa dicotomia tem que ser equilibrada. Senão, eu adoeço.

Em dois anos, fechei a Casa Dharma. Até hoje pessoas comentam que sentem saudade de lá. Eu também!

Foi uma estação em que precisei passar um tempo pra me reconectar com o universo feminino, e esse período foi suficiente para que eu reaprendesse a lidar com esse público sensível, com suas carências e vontades reprimidas.

Sigo querendo estar entre mulheres, aprender com elas, conectar-me com as sutilezas desse ambiente. Sinto que trago para essas egrégoras um tanto da energia masculina de realização que habita em mim.

Isso se soma a aspectos também bem desenvolvidos em mim de gentileza, cuidado, apreço pela beleza, delicadeza, sutileza.

Esse equilíbrio de forças é um grande desafio. Estar atenta ao movimento dessas duas energias pulsantes é a fórmula mágica que o mundo precisa para se curar dos extremos.

Só me sinto completa se valido esses dois vórtices poderosos, sem deixar que um anule o outro.

Quando tive que ser muito "macho" pra dar conta de um mundo rústico como o do agronegócio, perdi muito da minha sensibilidade. Fiquei mental demais. Controladora. Minha capacidade de cuidar, de ser intuitiva, ficou relegada aos breves momentos com meus filhos e meu marido, ou nas festas de final de ano na agência, quando eu bebia um pouco e mostrava a minha vulnerabilidade. Abraçava, chorava e dançava muito na frente de toda a equipe.

Eram duas Cristianas. A que tinha a rigidez e a dureza da patroa que mandava, e a que era frágil pra chorar escondido, mordendo a toalha, quando o cliente me destratava. Qual era a de verdade?

Demorei a entender que, pra dar conta das demandas do mundo em que escolhi viver, fui obrigada a construir uma couraça de proteção. O caranguejo (meu signo) tem a sua casca dura, mas lá dentro a carne é bem macia.

Sinto-me assim hoje. Preciso recolher-me dentro da casca, às vezes. Refazer-me dos baques e voltar mais fortalecida. Encontrei meu lugar de descanso desse personagem.

Fui gradativamente deixando as armaduras e me expondo mais como uma mulher inteira. Sem a necessidade de provar minha força, nem esconder minhas fragilidades.

Sigo ainda em busca desse viver fluido, como a água. Tenho três signos desse elemento na minha conjunção astral. A água tem a capacidade inata de lavar tudo, e de nutrir.

Nossa alma feminina tem qualidades imprescindíveis ao mundo de hoje. A sábia e a bruxa que habitam em nós têm o potencial de cura e regeneração.

Mas, se nos deixarmos sucumbir às tentações do masculino por controle e poder, estaremos fadadas a adoecer e perder nosso lugar de protagonistas silenciosas de um mundo melhor.

Já que ainda não temos o planeta que sonhamos, podemos sonhar com quem gostaríamos que o habitasse.

CAPÍTULO 5

TERAPIA

Dedico um capítulo inteiro para esse tema, que também saiu da métrica dos setênios, porque considero a terapia o fio principal que conduz a minha vida.

Se dividir uma existência de sete em sete anos ajuda no caminho, vivê-la por inteiro é o próprio caminho. A terapia me mostrou isso.

Meus anos de divã (e as tantas vezes que resisti a deitar nele) me fizeram entrar em contato com dimensões ignoradas por mim. Reintegrá-las, em parceria com um profissional competente e amoroso, é a chave que abre a porta de saída para um caminho mais completo. Então, pra mim, não tem como dissociar a minha vida dos meus mergulhos internos. Foram eles que me reinventaram a cada nova fase, crise existencial, angústias ou inquietudes tão necessárias para o nosso crescimento.

Quero agradecer novamente a todas as terapeutas que me ajudaram nesta incrível jornada de ser quem se é. Sem elas, ia seguir repetindo os padrões. E isso seria uma lástima para uma alma sedenta por se expressar.

Minha necessidade de saber quem sou começou na adolescência, com uns 13 anos, quando escrevia como uma forma de me entender. As emoções intensas pulsavam no meu corpo. Não lembro se eu dava um nome, na época, mas hoje tenho consciência de que emoções como a raiva, o medo, a vergonha e a tristeza já frequentavam o meu sistema límbico.

Nessa idade, perdi minha avó materna, com a qual eu passava férias desde os 9 anos. Ela morava no Rio. Eu amava ir pra lá depois do Natal e só voltar em fevereiro, na volta às aulas.

Sua morte foi trágica, e eu não me lembro de chorar, de sofrer. O que eu fazia com essas emoções?

Um dos recursos que encontrei foi vomitá-las no papel. Ele era o depositário das frequências baixas que habitavam minha mente e meu coração. Era nos diários trancados com chave que eu contava meus mais íntimos segredos, que na época eram brigas com as amigas, revolta contra as demandas de disciplina dos pais e alguns silêncios não revelados, como provavelmente a tristeza com a morte da minha avó.

Mais tarde, começaram as dores de amores.

Os platônicos, os mal correspondidos e os não manifestados — que eram diferentes dos platônicos. Às vezes, eu até já namorava o mocinho e estava apaixonada, mas demonstrava frieza e indiferença, tanto era o medo de amar.

Ou seria o medo de sofrer? Dá na mesma, na verdade. O medo é um sentimento muito estranho. Comigo, ele se apresenta de formas tão variadas, às vezes bizarras.

Sabe aquela frase: "Medos ridículos e coragens absurdas"? Talvez seja a que mais me defina quando o assunto é essa sensação paralisante, que nos tira o que temos de mais precioso: a coragem de viver.

Parece estranho precisar ter coragem para fazer a única coisa que viemos fazer aqui. Deus não nos deixaria nascer sem uma utilidade. Tudo que Ele criou tem seu papel fundamental. Isto é o mais incrível: a diferença que existe entre esses 8 bilhões de habitantes! Pensar que não existe nenhuma digital como a minha é o grau mais elevado da criatividade, tenho que dizer, como publicitária.

Observar a obra divina me fascina por inúmeros aspectos, mas a capacidade criativa com certeza é o que mais me comove.

Voltando à coragem de viver (dei essa volta, porque ir direto ao medo dá um medo danado!), começo falando da falta de coragem, o que me faz ganhar fôlego e me ajuda a elaborar melhor esse sentimento.

Já contei que meu pai não deixava a família toda viajar no mesmo voo? Sim, porque poderia dizimar a família se o avião caísse. E minha mãe nunca me deixou andar de bicicleta, porque eu poderia me machucar. Amostras grátis de como essa frequência do medo vibrava dentro da minha casa e do meu coração, desde criança.

Todas as coisas proibidas, como drogas, engravidar antes de casar ou ter amigos mau-caráter, habitavam

o inconsciente coletivo da minha família. O antídoto era uma sequência rígida de regras e preconceitos.
Durante muito tempo, eu só temia e obedecia.
Nem na juventude, já morando sozinha em São Paulo, eu conseguia fazer coisas escondida dos meus pais. Tudo tinha que ser relatado, e o consentimento era aguardado com ansiedade.
Mas o outro lado da moeda era uma jovem de opinião e personalidade na convivência com as pessoas. Adorava fazer graça e não me incomodava de perder o amigo, desde que não perdesse a piada. Já magoei muita gente com isso.
Também falava verdades (na minha concepção) muitas vezes incômodas demais para serem apontadas. Como as coisas que eu via nas minhas amigas íntimas e que nem elas tinham coragem de olhar. Eu tinha! Nunca tive medo de olhar para as minhas sombras, nem para as alheias.
Uma moça aparentemente medrosa, temente aos pais e às ameaças do viver, não se acovardava diante do desconhecido e sombrio ambiente do inconsciente. Ao contrário, eu buscava na sombra uma forma de arrefecer meu medo da luz.
Certa época, uma terapeuta me disse: "Você tem medo é do seu potencial, do seu brilho, do seu poder". No momento, e durante muitos anos, não concordei e, para falar bem a verdade, não entendi essa afirmação. Mas, hoje, somente hoje, escrevendo estas palavras,

reconheço o que ela dizia, ou pelo menos o que eu acredito que ela queria dizer.

Há perigos na luz! Nosso poder interno é infinito e manifestá-lo é perigoso. Pode trazer consequências, e a maior delas é o sofrer.

Se eu tenho uma inteligência apurada e digo coisas que ninguém entende, eu vou sofrer por me sentir incompreendida.

Se eu tenho determinação pra atingir objetivos que a maioria das pessoas não tem, eu vou ser invejada e muitas vezes diminuída pelas pessoas que não têm a mesma garra.

Se eu tenho um dom artístico raro no ambiente em que eu vivo, vou me sentir deslocada, estranha, e talvez não me aceite como sou, ou não serei aceita, nem validada pela sociedade.

Se eu me apaixono por alguém, esse desejo incontrolável me faz querer a pessoa. E se a pessoa não me quiser? Sofrimento garantido!

De que lugar dentro de nós vêm essas qualidades, como inteligência, criatividade, determinação, dons diversos e, o mais lindo de todos, a capacidade de amar? Vêm da escuridão em nós, ou da luz?

Eu prefiro acreditar que na escuridão mora tudo aquilo que gostaríamos de viver a partir da nossa luz e não foi possível.

Nascemos alegres, confiantes, destemidos, curiosos, abertos a explorar o mundo à nossa volta. Mas, à medida que vamos sofrendo as consequências de nossa interação com o ambiente e com as pessoas que nos cercam, vamos guardando nessa "caixa-preta" todos os sentimentos resultantes dessas experiências, a raiva, a tristeza, a vergonha e, claro, o medo.

Julgamos negativas essas emoções e por isso as deixamos escondidas nesse baú, trancafiado. Nesse lugar chamado inconsciente, moram emoções reprimidas.

Dei espaço para minha luz manifestar-se, claro, mas confesso que gostaria de ter me permitido viver mais a luminosidade da minha alma. Dedicar tanto tempo olhando para as sombras me atrasou no processo de encontrar a luz. Olhando para trás, vejo como isso se tornou um padrão. Todos nós temos um viés mental negativo, e creio que estimular isso não é uma boa opção pra quem já tem essa tendência.

Pais críticos podem gerar filhos com autoestima comprometida e com o tal viés negativo da mente exacerbado. Como adulta, analisando meu perfil, acredito que tenho, sim, uma tendência de olhar para o copo meio vazio.

Isso não é bom nem ruim, é simplesmente uma característica psíquica minha. E talvez a que me fez buscar terapia, o que foi maravilhoso.

Comecei aos 23 anos, dois anos antes de casar. E a minha escolha na época foi pela psicanálise.

É com muito respeito que digo isso, porque tive muitas terapeutas psicanalistas extremamente competentes, mas, para o meu caso, talvez não tenha sido a escolha mais adequada na época. Cresci muito fazendo análise, com certeza! Mas será que eu não teria um espaço de florescimento maior se tivesse escolhido um processo terapêutico que focasse mais o que eu tinha de potencial?

Não que a psicanálise não olhe para as virtudes, mas o interesse sórdido pelas mazelas do inconsciente pode trazer consequências irreparáveis para certos tipos de mente que já têm uma natureza negativa mais presente. Olhar para as nossas faltas, carências e traumas é um recurso de cura inquestionável, mas ficar anos fazendo isso, em três sessões semanais, me desculpe, Freud, mas é contraproducente em alguns aspectos.

Não sou psicóloga, nunca estudei a fundo as diferentes linhas, mas experimentei algumas abordagens e, hoje, depois de 35 anos de caminho percorrido por dentro, sei identificar o que funciona para mim. Ou, pelo menos, acredito que sei.

Na psicanálise, mergulhamos fundo em aspectos da psique. Fiquei anos dando voltas em questões de forma mental, analisando e buscando justificativas teóricas para experiências vividas na pele. Por isso, talvez, a pele seja meu maior órgão de choque.

A pele é considerada o nosso primeiro contato com o mundo exterior. É o maior órgão do corpo humano. Sensível ao toque, à temperatura, à pressão e a outras sensações. É ela que faz a interlocução entre nosso mundo interno e o ambiente com o qual interagimos. Desde sempre, tive problemas na pele. Essa mudança brusca do meu universo particular para o exterior afeta, até hoje, minha barreira protetora. O mundo do sentir está diretamente relacionado com esse órgão sensível.

Como um processo de defesa, fiquei craque em pensar e muito amadora em sentir. E, o pior, fiquei muito autocentrada. Tudo era a respeito de *me and myself*. Ensimesmada, pode-se traduzir.

O padrão de tentar entender e interpretar o que sinto se perpetuou em anos de análise, porque o "falar sobre" não necessariamente obriga você a sentir. No meu caso, que sempre fui boa de verborreia, encontrei recursos verbais para esconder e mascarar o que realmente sentia, ou nem sabia que sentia.

Hoje, o que tem funcionado pra mim é entrar em contato com esses conteúdos psíquicos diretamente no corpo, através de recursos que me tiram da tagarelice condicionada da mente e me conduzem a um lugar de verdade sutil, que sussurra com amorosidade que sou muito mais do que penso que sou.

Ao participar de um retiro com práticas somáticas, percebi o quanto a delicadeza não foi muito praticada por mim. Sempre fui meio abrutalhada. Gestos expressivos demais e muito esforço para executar movimentos. Para um simples alongar de pernas, recruto músculos de outras partes do corpo, numa força desnecessária. Um padrão corporal, muitas vezes ancestral. Quando vi uma foto de umas tias-avós minhas, já desconfiei de onde vinha esse meu jeitão. Mas este corpo e esta pele são apenas o invólucro de uma alma extremamente delicada. E isso vai ficando claro nas sutilezas desse tipo de trabalho silencioso, em que se cria um espaço seguro e acolhedor para que o corpo se entregue e mostre suas fragilidades sem medo. Sinto-me muito à vontade nesses encontros. Ver outros corpos se expressarem, de diferentes formas, me estimula a experimentar gestos, movimentos, sem um comando estético, mental. Mas um fluir ritmado de encontro de corpo e alma. É mágico quando me permito me soltar nesses momentos.

Nas sessões psicanalíticas, às quais me dediquei por mais de quinze anos, não existia essa permissão. A busca era por palavras que pudessem expressar o que eu sentia e pensava. E ficar limitada às interpretações que damos às nossas histórias é muito pequeno.

A grandeza está em transcender quem pensamos que somos, quem acreditamos ser, e entregar-se às possibilidades infinitas. A beleza está em construir o caminho à medida que se anda, com a confiança de um equilibrista, que não enxerga a rede, mas sabe e confia que ela está lá. E quem pode nos ajudar nessa aventura é um terapeuta.

"Viver é perigoso!" Desculpe o plágio, Guimarães, mas você foi muito sábio em constatar que a vida experienciada na totalidade pode ser aterrorizante. Mas ainda pior é viver acorrentado às próprias certezas. Sinto que ainda vivo presa a uma rede de proteção de regras e crenças. Preciso delas para me sentir segura aqui neste planeta.

Ainda assim, percebo que, conforme vou sendo surpreendida pelos acontecimentos inesperados, pela total falta de controle de tudo, vou me soltando um pouquinho mais. Vou me permitindo dizer o que ninguém diz. Permito-me sentir inadequada para os outros, mas adequada pra mim. Vou dizendo "nãos" mais consistentes, e "sins" mais justos e adequados ao meu sentir. Sustento mais e melhor minhas opiniões contrárias sem a necessidade de convencer nem trazer ninguém para o meu lado. Para isso, os anos de psicanálise também ajudaram.

Minhas queridas analistas que possam ler este livro, sou eternamente grata a vocês! Mas tenho que dizer que também me beneficiei muito de pessoas, grupos, egrégoras, técnicas, recursos que não necessariamente faziam parte do mainstream da psicologia.

Fui bem além do divã! Sentei em sofás, em almofadas no chão, rolei em pisos, de madeira ou não, pisei na terra, nadei em cachoeiras e me aventurei em trilhas com guias não credenciados pela academia tradicional.

Tive decepções com gente muito bem-conceituada e me surpreendi com alguns rebeldes que não ficaram presos a uma única visão.

Tive uma terapeuta que, na primeira sessão, quando eu perguntei: "Qual a sua linha?", me respondeu: "E é preciso ter uma linha?". Amei! Fiquei lá por pouco tempo. O suficiente para ela me dispensar, dizendo que não ia sentar comigo na "cadeira da comodidade".

Fiquei indignada! Como assim, uma terapeuta abandonar o paciente? Mas ela sabia o quanto aquilo seria um importante despertar para mim.

Foi apenas o começo para eu entender que não existia só uma forma de adentrar o mundo mental e emocional. Quando entrei em contato com meu corpo, percebi que ele também era um imenso reservatório de emoções. Lembro que fiquei em transe.

Até aquele momento, eu era apenas uma cabeça ambulante, cheia de ideias, preconceitos rígidos a respeito de tudo e de todos. No meu mundo ideal, o que saía fora do que eu tinha aprendido que era "normal" sentir não poderia ser compreendido e administrado.

Não tinha espaço para a liberdade do sentir. Quando, através do corpo, e não da mente, passei a validar o que sentia, confirmando que o corpo não mente, um novo mundo se descortinou pra mim.

Soltar meu corpo numa dança sem coreografia, sem limites de espaço, sem ritmo determinado, e entregar-me à vibração do som que adentra as camadas mais profundas das nossas vísceras, foi uma experiência inédita e surpreendente.

Desenhar o que eu sentia, sem poder pôr em palavras, me fez revisitar lugares em mim sem a necessidade de entender, explicar, transcrever para o conforto das palavras e das soluções prontas.

Uma vez construímos um somagrama. Deitávamos em cima de um papel pardo do tamanho do nosso corpo, e a colega desenhava o nosso contorno. Como a gente faz com o pé, quando vai comprar sapato para os filhos em viagens. Diante daquela silhueta do corpo, fazíamos o trabalho do recheio. Através de danças, movimentos livres, muita música de vibração elevada embalava nossos esqueletos famintos por se revelarem.

Construir do zero uma relação íntima com o meu corpo ("vaso", metáfora usada para definir corpo na psicologia analítica de Carl Gustav Jung) foi um desafio interessantíssimo, que me fez brilhar os olhos, palpitar o coração e, com o tempo de prática, até sentir o vibrar das minhas células, algo que tenho a vaga sensação de ter experimentado.

Quando decidi fazer um curso de um ano, com encontros mensais num lugar superbucólico, perto de Uberaba, chamado Peirópolis, não tinha a menor ideia de onde eu estava me metendo. O nome "Arte da Ponte" me atraiu, mas, mais do que o nome, a descrição da instrutora, "tanatóloga" (profissional que estuda a morte, o luto e o processo de morrer), me deixou curiosa, no mínimo.

Lá conheci um grupo de pessoas totalmente diferentes das pessoas com quem eu convivia. Mas pulsava uma fagulha de certeza desconfiada se não eram elas as portadoras da chave que abriria um portal de grandes mudanças na minha vida.

Encontrei nesse ambiente uma egrégora em que sentia minha alma acolhida e livre pra me expressar. Era seguro e ao mesmo tempo provocador.

Como se um peixe de aquário tivesse sido jogado no oceano. Hoje eu chamo isso de expansão de consciência, quando me abro para novas experiências somatopsíquicas.

Ou, para não falar tão bonito: união corpo e mente. Nesse trabalho, passei por várias fases. Como arteterapeuta que era, Annie Rottenstein, uma mineira árabe sensacional, nos conduziu por uma delicada e forte aventura. Tínhamos que desenhar mandalas, fazer bonecas de pano pra representar a nossa criança interior e madrugar para fazer uma dança sufi, na qual eu não via o menor sentido.

Os problemas de coordenação motora, os ratos do telhado da casa velha que não me deixavam dormir e a falta de jeito para costura quase me fizeram desistir. Mas a firmeza da Annie e a comunidade que estava se formando ali me ajudaram a prosseguir. Quando terminou, não tinha consciência dos efeitos daquele processo de atravessar a ponte. Muitos anos depois que fui entender o que eu construí lá, sob o comando dessa artista terapeuta maravilhosa, uma trilha bem estruturada em direção à minha alma, meu selfie, minha essência, minha verdade. A Annie me ajudou a sair do cabeção.

Pouco tempo depois, encontrei outra pessoa importantíssima no meu processo de individuação. Não, não foi só Jung, mas Adriana Ferreira também me apresentou para mais dois pilares do seu trabalho terapêutico: Stanley Keleman e Sri Aurobindo. Um estadunidense, quiropata, e um guru indiano. A conexão desses três parece improvável, mas essa mulher incrível uniu esses saberes e manifestou um processo curativo da alma que vou levar pra muitas vidas.

Lá no Vale do Matutu, onde eram feitos esses seminários de sonhos, descobri o quanto é desafiante ouvir o corpo. Até hoje tenho dificuldade de identificar o que sinto a partir dele. Às vezes, é nítido como um arrepio na pele, outras vezes, são camadas e camadas de uma couraça protetora que me impedem de tocar algumas emoções soterradas.

E dá-lhe trabalho de arqueólogo! Somado a muita vontade de evoluir e me curar de mim.

Continuo alimentando a minha mente com conhecimento teórico. Amo descobrir novos conceitos, maneiras de pensar e ideias que saem do convencional. Não tenho o menor compromisso com minha forma de pensar antiga. Sinto-me livre e faminta para degustar banquetes ideológicos. Tenho uma curiosidade insana pela mente humana e não só do ponto de vista neurocientífico, pois nesse nunca me aprofundei muito. Tenho dificuldade com métodos e protocolos. A ciência, e, nesse caso específico, a neurociência, é metódica e trabalha com parâmetros e métricas que avaliam o indivíduo em amostragens estatísticas, trazendo um estudo aprofundado do cérebro humano e inúmeros avanços nessa área.

Eu prefiro a fluidez do ser, e do aspecto prático de como as pessoas lidam com os movimentos transitórios, como elas se relacionam e como reagem aos acontecimentos internos e externos. Tenho fascínio por observar esses movimentos. O desafio é não julgar, não interpretar nem tentar entender com o intelecto por que a pessoa está agindo assim.

Isso é extremamente limitante. A alma é vasta! E, quando é impedida de apenas SER, pode ter reações inimagináveis.

Perdemos tempo preocupando-nos com coisas que não estão sob o nosso controle. Perdemos tempo tentando mudar as pessoas para que elas se adequem à nossa forma de ver e sentir, ou, no caso dos filhos, desejando que eles façam as escolhas que faríamos, se tivessem pensado melhor. Porque, na verdade, nem nós escolhemos os caminhos conscientemente. A consciência é uma tecnologia de altíssima sofisticação. Poucos têm acesso e a utilizam com maestria.

A sabedoria vem com o tempo, dizem os mais velhos. Mas, do que eu observo, há seres que se mostram sábios bem mais novos. E esses eu invejo!

No equilíbrio entre o pensar, o sentir e o querer, segundo Rudolf Steiner, mora toda a sabedoria de vida. Ele acreditava que o nosso instinto mais profundo, o querer, aciona nosso sentir e nosso pensar. E, quando esse processo é feito sem o nosso conhecimento, somos levados pela vida em vez de sermos donos dela.

Tomar a vida nas próprias mãos é o título de um livro de uma precursora de Steiner, e mostra a trajetória de uma mulher que se deu conta disso, e nos deixou um testemunho de que é possível viver comandando nossas escolhas de um lugar mais amplo e iluminado. E não a partir da escuridão de um impulso, desprovido de um "adestramento" condizente com a realidade da vida que se apresenta de momento a momento.

Você pode estranhar essa palavra entre aspas. Mas a verdade é que, ao longo de uma existência, nosso papel é nos reeducarmos e não seguirmos no papel de vítimas, culpando os pais por não terem nos dado espaço para sermos quem viemos para ser.

A função do pai e da mãe é dar-nos a vida e garantir a nossa sobrevivência e proteção, enquanto não temos condições de fazer isso. Depois, querido, o babado é solitário mesmo. É buscar a intimidade com nosso universo particular. Recalculando rotas (como diz Alana Trauczynski) a partir de um GPS interno, ao qual só nós mesmos temos acesso.

A maioria de nós segue sem rumo, ou seguindo o GPS de quem está do lado, na mesma estrada. Essa coragem de seguir sozinho é pra poucos. Ou para os que se dão conta disso mais tarde na vida.

Certa vez, estava assistindo a um leilão de gado, junto a duas mulheres que admiro muito. Uma delas caiu da cadeira. Já devia ter seus sessenta e poucos. Assim que se esborrachou no chão, olhou imediatamente pra trás e disse: "Vejam, por favor, se meu pai viu meu tombo".

Na hora, a amiga mais velha — e mais trabalhada na terapia — respondeu: "Fulana, se liberte do seu pai. Não importa o que fizeram de nós. O que importa é o que vamos fazer com o que fizeram de nós". A tal frase de Sartre que me pegou.

Minha cabeça explodiu naquele momento. Fez tanto sentido pra mim que minha vontade era sair correndo daquele lugar e mudar toda a minha vida.

Eu tinha por volta de quarenta anos na época e ainda estava sofrendo com meus autojulgamentos e minha sensação de inadequação primitiva, lá da infância. Identifiquei-me com ela na hora. Compadeci-me. E desde então não esqueço esse mantra, e a indignação que senti ao perceber que uma mulher madura ainda estava presa ao que fizeram dela.

Posso dizer que, no meu caso, essa necessidade de libertação despertou mais tarde, mesmo.

Senti uma faísca lá pelos 42 anos. E daí em diante não parei mais de buscar em mim quem EU era de verdade. Ainda estou nessa busca e este livro é mais uma etapa nesse processo.

Escrever é revelar-me de forma mais organizada e clara. Porque aqui dentro é uma bagunça.

Estou julgando meu mundo interno porque faço isso comigo, e com os outros também. Não acho nada bonito, mas durante muito tempo de vida isso foi tão natural que achava que me criticando me ajudaria a ser alguém melhor. Meus pais também pensavam assim.

"Você é exagerada. Bagunceira. Desligada. Não é bonita o suficiente, nem inteligente o suficiente."

Esses rótulos muitas vezes não foram colados em nós. Alguns deles nem foram mencionados por meus pais. Mas bastavam olhares de desaprovação para que encontrássemos um eco de desamor seguido desse tipo de interpretação.

A falta de amor vinha de mim pra mim mesma. Por não saber quem eu era e precisar buscar nos outros uma referência.

Pai e mãe não têm obrigação de dizer quem você é. Você é uma semente plantada no útero e quem você é já está lá. O que floresce é, em essência, quem você veio pra ser misturado com quem você acha que deveria ser, em agradecimento a quem lhe deu a vida e cuidou de você.

Agradar e agradecer vêm da mesma raiz: *gratus*, do latim. Passamos a vida sem saber que, na verdade, tudo que fazemos é para honrar essa raiz.

A profissão, o marido, a esposa, o estilo de vida que escolhemos são muitas vezes para agradar papai e mamãe.

No inconsciente, moram todos esses "nãos" não ditos, que nos assombram, num rompante de raiva guardada. Gritamos com nossos filhos, maridos e esposas porque não fomos capazes de nos ouvir, ou não fomos ouvidos.

E está tudo certo! O que nos aconteceu é um arquivo não editável. Um PDF imexível, mas de extrema importância. Para onde podemos voltar várias vezes para consulta, para o autorreconhecimento. Apropriarmo-nos da nossa história nos dá o poder de fazer diferente, pois compreendemos de onde partimos. E, a partir de certa altura da vida, já sabemos aonde queremos chegar. Ou, pelo menos, o que não queremos repetir. Já é uma carta de alforria e tanto.

Tomar decisões diferentes do que nossos pais fariam é uma tarefa para adultos de coração forte. Se você exercitou esse músculo ao longo da vida, você sabe o quanto as suas alegrias e tristezas o moldaram. Principalmente as tristezas.

Nossas emoções são a bússola mais precisa para indicar o caminho de volta pra casa. É a partir das emoções, e não sendo engolido por elas, que temos mais clareza para decidir.

Se você está imerso em uma onda de medo, como você vai dar um passo?

Primeiro, é importante entrar em contato com o medo, reconhecê-lo como parte de nós, e só depois, com esse sentimento integrado, partir para a etapa seguinte: ir além do medo. Ampliar a visão, sem excluí-lo, mas sem se ver paralisado por ele. Como fazer isso?

Racionalizar é uma palavra perigosa. Porque pode cair na dualidade razão *versus* emoção. E não é disso que estou falando. Demorei meio século pra entender do que eu estou falando agora. Portanto, é recente e pode evoluir muito.

Comecei a observar o quanto as pessoas "racionais" lidavam melhor com seus problemas e, principalmente, saíam mais rápido de suas crises e dilemas. Eu dizia que elas sofriam menos, mas depois entendi que sofrimento não se mede, e que, sim, elas também sofriam horrores. Mas de uma forma mais equilibrada, com menos drama e mais vontade genuína de passar por aquele sofrimento, sem aumentá-lo ainda mais. Enquanto eu vinha passando pelas minhas questões difíceis de duas formas: ou negligenciando, ou aumentando. O que não ajuda em nada. Fingir que aquilo não é doído esconde a ferida num lugar onde ela machuca por dentro de um jeito que não temos como cuidar porque não está à vista.

Já o drama expõe a ferida em uma proporção de exagero, envolvendo um número de pessoas que, inevitavelmente, vão sentir-se compelidas a ajudar, o que torna a confusão ainda maior.

Trazer para a realidade é uma boa estratégia, desde que conduzida de forma muito cuidadosa e amorosa. Bons terapeutas fazem isso bem e alguns pais também. Eu nunca fui boa em elaborar emoções e, consequentemente, não pude ajudar meus filhos na infância.

O exagero, o drama, a intensidade emocional são uma parte muito forte em mim. Lidar com eles já me dá um trabalho danado!

Se uma criança expressa que tem uma sensação no corpo e sua mãe diz que não é nada, então fica comprovado que sentir não é bom ou não deve ser levado em conta. E assim seguimos pela vida, negando nossos sentimentos em prol de uma aprovação.

Realmente, o que importa é o que vamos fazer a partir do que nos acontece. Só o agora importa!

Por isso, o mindfulness me encantou. Considerado integrante da terceira onda das terapias cognitivo-comportamentais, pra mim, o mindfulness, apesar de ser laico, me ensinou a meditar, e isso me abriu para o mundo da espiritualidade que já estava latente em mim, mas precisava de uma forcinha.

O próximo capítulo é uma tentativa de explicar como foi se desenrolando esse caminho.

CAPÍTULO 6

SÉTIMO E OITAVO SETÊNIOS

42 a 56 anos

Quando foi seu primeiro beijo? A data da sua primeira menstruação? Sua primeira transa, ou o primeiro sutiã? Respostas que surgem facilmente, sem muito esforço de memória.

E o seu despertar espiritual?

Caí nessa armadilha ao tentar localizar esse exato acontecimento na linha do tempo dos setênios.

Decidi colocar depois dos 42 anos, não só pela máxima de que a vida começa depois dos 40, mas por perceber que, até mais ou menos essa idade, minha energia estava totalmente voltada para as questões materiais.

Como conto neste capítulo, a espiritualidade é uma construção que vai se fazendo à medida que vamos nos relacionando com dimensões além do nosso ego.

Quero começar fazendo um convite: vista seu escafandro e mergulhe comigo nesta temática. Traga junto sua curiosidade e seu gosto pela investigação e deixe na superfície os conceitos e as crenças que se fixaram na sua mente a respeito do assunto.

A intenção aqui é explorar, muito mais do que sair com uma resposta. Mesmo porque não existe uma resposta. Cada indivíduo tem a sua maneira de se relacionar com o sagrado. Mesmo que nunca tenha se dado conta disso.

Para começar a contextualizar, quero dizer que, independentemente da crença, religião, filosofia de vida ou prática espiritual, tudo que diz respeito ao modo como o indivíduo expressa a sua ligação com o divino está inserido neste guarda-chuva gigante, que vou chamar aqui de espiritualidade.

Começo por uma parte fundamental, que é a "conexão mente-corpo", um trabalho profundo e sutil que começou quando adentrei o mundo do yoga.

Comecei na gravidez do João Pedro, meu filho mais velho, e lá se vão 28 anos de convívio com essa prática que teve seus picos e vales na minha vida, mas que nunca deixou de me acompanhar.

No início, fazia sentido alongar, nutrir as articulações, amenizar as dores lombares provocadas pela mudança de eixo que a coluna sofre quando ganhamos peso na gestação.

Mas, aos poucos, fui percebendo que o maior benefício era mental. Conseguia atingir um estado de calma que nunca tinha experimentado. Esse foi o ponto de partida para que eu entendesse (e quem é muito mental, como eu, precisa entender com a cabeça primeiro, para só depois aceitar e confiar) que a prática de sentir o corpo sem reagir, deixar o corpo soltar-se, mesmo com as reclamações ininterruptas do intelecto, é a maneira mais eficaz de ir, aos poucos, silenciando esse campo mental. O caminho de observar essa ligação íntima e profunda do corpo com a mente é o portal de entrada para o mundo da meditação.

O desafio sempre foi estender o estado que adquirimos na aula. Saímos leves, tranquilos, pacíficos. Mas basta alguém nos fechar no trânsito que voltamos imediatamente para o estresse que nos habita na maior parte do nosso tempo de vigília.

Foram mais de quinze anos de prática de yoga para que eu percebesse que o corpo é apenas o veículo, a matéria densa que precisa ser sutilizada, para que cheguemos aonde realmente mora tudo que nos comanda: a mente.

Para os indianos, o termo "mente" é vasto, como toda a filosofia com que esses sábios yoguis nos presentearam — essa tecnologia avançadíssima, com uma atualidade que a ciência ainda está descobrindo. Base de quase tudo que vemos em prática hoje relacionado à saúde e ao bem-estar.

Comigo, aconteceu assim:

Primeiro, o yoga. Depois, visitei a meditação transcendental e, há sete anos, conheci o mindfulness. São doze anos meditando, mas sete com a disciplina de sentar todo dia para me observar.

Uma vez fui ao Rio e, por indicação de um amigo, conheci um instrutor e meditante devoto que me iniciou na prática da meditação transcendental. Fui entregando-me à condução dele, e voltei de lá praticando vinte minutos, duas vezes ao dia, todos os dias.

Logo fui achando aquilo muito rigoroso, cheio de regras. No início, eu atingia um estado de calma maravilhoso, mas, aos poucos, fui revoltando-me com toda aquela disciplina rígida. Abandonei a meditação transcendental, mas segui meditando, por menos tempo, nas aulas de yoga.

Quando abri a Casa Dharma, conheci o mindfulness através do Felipe, e tudo se descortinou. A hora de Deus não é a nossa. Acredito que o Criador de tudo conhece a nossa essência, e toda a trama necessária para o nosso processo evolutivo. Como Ele nos conhece bem melhor que nós mesmos, sabia que uma prática metódica e devocional não era pra mim. Mas precisei passar por ela pra entender que o meu caminho espiritual precisa ser mais livre de dogmas e repetições.

A partir daí, fui construindo uma nova forma de sentar comigo mesma, mais gentil e mais possível. Apaixonei-me tanto pela meditação que não me vejo mais sem ela. Encontro tempo e lugar, sem esforço.

Gosto de chamar a meditação de tecnologia. Porque é fascinante o quanto é inteligente e transformadora.

O que pensamos e sentimos afeta nosso corpo e nossos comportamentos. E isso não está necessariamente no nosso controle. Ou melhor, 95% do que pensamos é lixo! E quem refinou a minha habilidade da metacognição (que é observar nossos pensamentos, emoções, comportamentos) foi o mindfulness e a sua preciosa caixa de ferramentas, que engloba não só a meditação, mas inúmeras dinâmicas psicoeducativas que nos ajudam a objetivar e colocar em prática, com uma didática simples, essa tecnologia fantástica da meditação.

Trazer para fora, de forma honesta e amorosa, o que acontece dentro. Concretizar o que pensamos e sentimos é uma forma eficaz e terapêutica de nos ajudar no nosso processo de gestão das emoções e da cura de traumas e feridas internas. Se não vemos, não sabemos como cuidar. Mas o jeito de ver muda tudo. A gentileza, a objetividade e a aceitação cultivadas pelo mindfulness me trouxeram uma nova perspectiva e abriram espaço para olhar para as minhas sombras de forma mais suave, renovando minha energia e dando-me a clareza assertiva para aceitar as coisas como são, sem perder a força para mudar o que não está bom. Esse paradoxo existe, e encará-lo é a chave da transformação.

Sentar todo dia para meditar nos permite conhecer as armaduras de proteção que fomos construindo em torno do nosso coração. Desde a infância, fomos levantando esses muros. Bater de frente com eles na vida adulta não é a forma mais inteligente de aliviar o sofrimento.

O trabalho constante e delicado de encontrar frestas para ver onde paralisamos na dor e ir encontrando novos caminhos de cura é um processo bonito de autoamor.

Leva tempo. Mas um tempo com significado. Um tempo rico de experiências bem vividas. Uma vida mais completa. Que contempla a inteireza do nosso ser. Com todas as dores e delícias. Com nossas fraquezas e forças. Ampliando o espaço de florescimento.

Como se uma trilha toda encoberta por uma mata densa fosse aos poucos sendo aberta. E, a cada passo, fôssemos chegando mais perto da fonte onde jorra todo nosso potencial verdadeiro.

Quando a nossa agitação mental ultrapassa certos níveis, fica difícil encontrar espaço no corpo e na mente para sentar e observar. É só pensamento grudado em pensamento. São nuvens atrás de nuvens passando pelo céu que é a consciência.

Imagina um rio de águas tranquilas, e, de repente, chove e venta. Caem folhas, troncos de árvores (que são nossos pensamentos e emoções), e o rio fica todo turvo e turbulento. É assim a nossa vida quando acontecem fatos que nos desestabilizam. É impossível ver com clareza quando somos levados por essa correnteza cheia de obstáculos. O que fazer, se não temos o poder de parar a chuva?

Se nos propusermos a sentar às margens e apenas contemplar o rio, deixar a tempestade passar com os pensamentos, emoções e sensações que estão na superfície, podemos aprofundar-nos gradativamente pra chegar no local onde a água é tranquila e clara. Um lugar onde podemos ver o fundo. Onde nos é revelada a natureza desse rio, onde somos convidados a aceitar que passar por esses momentos de turbulência faz parte da vida.

Sem o treino que a meditação traz, ficamos grudados, identificados nessas folhas e troncos. Acreditamos que aqueles pensamentos somos nós. Como um peixe que não tem noção da existência da água. Para o peixe, ele é a água, está identificado como ela. Não temos noção da grandeza do rio, que dirá da imensidão do oceano.

Essa analogia é pra tentar explicar que não somos nossos pensamentos repetitivos e catastróficos. Nossas memórias angustiantes. Conteúdos que tiram o nosso senso de realidade, antecipando desastres que nunca ocorrerão, ou remoendo fatos mofados num canto qualquer da nossa lembrança falha.

Também não somos nossas emoções.

Por isso, criar condições para sentar e observar esse turbilhão acontecendo é mágico! Depois de um tempo de prática, um dia, por um flash de segundo, você percebe que está observando essas folhas e troncos passarem, e a sujeira decantar. E, se tem alguém que observa isso tudo, então o verdadeiro ser está além dessa tempestade. Simples e complexo assim! Exige treino e um bom instrutor.

Esse caminho é fundamental para que a gente possa se libertar de tudo que pensamos que somos e ampliar as possibilidades de uma vida mais autêntica, mais de acordo com a nossa natureza.

Costumo dizer que o mundo está dividido entre os bem-medicados e os malmedicados. E isso inclui não só medicação psiquiátrica em si, mas todo tipo de terapia e práticas que nos ajudam a lidar melhor com esta "caixa-preta".

Quando veio a internet, aí sim a coisa ficou feia e mais perigosa ainda. Quanta gente doente se propondo a curar. Quanta gente malmedicada, quanta gente medicando.

Discernimento é coisa para os lúcidos. Lucidez vem de luz, por que não de Lúcifer? Na Antroposofia, aprendi que Lúcifer não é o capeta. É um ser de luz que traz à tona toda a escuridão. Um ser que não tem medo de mostrar as mentiras e sujeiras do submundo. Ele é uma entidade mais do que necessária no mundo de hoje.

Estamos sendo enganados por discursos lindos e vazios. Por gente pobre de espírito e miserável de alma. Por gente que dá a receita, mas nunca fez nem experimentou o bolo.

O mundo foi invadido pelo mal disfarçado de bem. Nunca se falou tanto do "momento presente". Tem uma multidão na internet que discorre sobre esse assunto, mas não tem a mínima noção do que é na prática.

É lindo descrever como é viver o momento, mas é dificílimo sentir no corpo o que seria.

Eckhart Tolle foi um dos primeiros, na minha opinião, que conseguiu teorizar de forma objetiva o que seria o tal do "estar no momento presente". Com isso, atraiu uma legião de seguidores, ou melhor, de leitores, porque quem vive o presente não tem tempo pra Instagram ou qualquer rede social. E "seguidor", como diz Ney Matogrosso, é coisa de seita. Ele odeia essa palavra, e eu também.

Eckhart Tolle teve um insight brilhante na sua obra bombástica, *O poder do agora*. Na época em que escreveu o livro, ele não estava em terapia nem buscando no intelecto uma solução para os seus problemas. Segundo ele, estava num dos momentos mais difíceis da sua vida. E afirma que, do fundo de uma tremenda crise depressiva, quando ele se rendeu e cansou de lutar, emergiu uma profunda transformação espiritual. Vejam: quando ele parou de acreditar que ele era as folhas e os troncos que caíram no rio — os seus problemas —, foi quando a grande virada aconteceu.

Não foi a partir de uma solução mental, onde os problemas são criados, mas sim de um espaço que permite que entre a luz do mundo invisível. Se somos seres espirituais vivendo uma experiência na matéria, e da matéria inconsciente conhecemos e usamos somente 10%, então o SER é muito maior. É nele que deveríamos investir nosso tempo.

Só que a imensa maioria de nós está no modo sobrevivência, portanto, muito mais no FAZER, no TER, do que no SER.

Dedicamos a nossa vida ao mundo material, e relegamos a espiritualidade a momentos de dificuldade e sofrimento.

Muitas vezes, recorremos à religião. Sei dos infinitos benefícios que a religião oferece, mas não sou necessariamente uma pessoa religiosa. Para mim, as religiões são interpretações e manipulações feitas por nós, humanos. A conexão com o divino vai muito além.

Gosto de pensar que somos poeira cósmica, feitos do mesmo material das estrelas, e que tem algo muito maior regendo tudo. Então, me recolho à minha insignificância e olho para o céu sem intermediários. Ninguém me representa perante Deus (que, coincidentemente, dentro da palavra, tem "EU") melhor do que eu.

É inevitável a ligação que existe entre nosso mundo interno e o mundo espiritual. Afinal, é através do invisível, do sutil, que se estabelece esse vínculo.

Apesar de ter me dado conta do meu despertar espiritual lá na frente, meus questionamentos esotéricos começaram quando eu era uma pré-adolescente e meu pai barganhava a ida à missa pela pizza de domingo. Eu, que já estava com a cabeça e o estômago na marguerita, não prestava atenção em nada que o padre falava. A não ser em uma única fala, da qual me lembro até hoje: "Eis o mistério da fé. Todas as vezes que se come deste pão e se bebe deste vinho, se recorda a paixão de Jesus Cristo e se fica esperando a Sua volta".

Adivinha qual parte me tocava fundo? "Eis o mistério da fé." Poderia ser a volta de Jesus, mas o mistério sempre me encantou, e encanta até hoje.

Na adolescência, adorava frequentar cartomantes. Onde falavam que tinha uma boa, lá estava eu. Todo aquele ambiente misterioso, os cheiros, incensos, as pedras, cartas, búzios, me enfeitiçava. Mais tarde, foi a astrologia que me atraiu.

E eu fazia as perguntas mais existenciais, como: existe destino? Está tudo escrito, mesmo?

Até que um astrólogo me disse: "Se você vai começar por essa pergunta, vamos ter que parar por aqui". Enfo! É assim que a gente falava quando levava uma cortada.

Mas não desisti e até hoje faço as minhas consultas de trânsito — que é mais ou menos um panorama de como está o céu em determinado momento que você está passando na vida. Não entendo muito, é bem complexo, mas procuro cercar-me de pessoas responsáveis que não se metem a prever nada. Astrologia é uma forma de autoconhecimento, não de revelação de destino.

Algumas perguntas podem demorar vidas para serem respondidas, e essa é a grande aventura.

Esse interesse pelo céu é uma das formas que me ajuda a entender a minha vida aqui na terra. Mas a coisa é muito mais sobre o "aqui na terra" do que "como nos Céus", só pra lembrar mais uma parte da missa.

Mergulhando um pouco mais nas camadas de como fui construindo a minha espiritualidade, quero ressaltar agora outra palavra: intimidade.

Venho criando, ao longo da vida, uma *intimidade* com o sagrado.

É um relacionamento de longo prazo, ou melhor dizendo, infinito. Uma conexão entre a vida que se desenrola aqui na terra, a cada dia, a cada momento, e o incognoscível, o mistério. E é na nossa vidinha comum, na rotina, que essa comunicação se dá.

Na intimidade conosco, no silêncio, nos sinais, na conexão com o corpo, na observação do fluxo do universo, vamos aos poucos criando essa relação de confiança e entrega, que muitos chamam de fé.

E essa fé, na minha maneira de entender, é um exercício diário de ir percebendo e relacionando-se com as sincronicidades, os arrepios na pele, o choro que sai do nada vendo uma cena banal, o brilho nos olhos, e as sensações estranhas de tontura, moleza no corpo e bocejos. Esses sinais que o corpo manifesta. Porque ele é o veículo de comunicação entre os mistérios do Céu e da terra.

Então, para dar conta dos sacolejos desta viagem chamada vida na Terra, fui criando um vínculo com essa sabedoria maior e confiável. O nome não é o mais importante. Pode ser Deus, Alá, Brahma, Jesus, Universo, Espírito, o fato é que eu acredito que existe uma força inteligente que rege o todo. Que é onipresente, onisciente e está o tempo todo tentando nos dizer algo.

Pena que estamos tão ocupados e distraídos com a mente e perdemos grande parte das preciosas mensagens que vêm do centro, do coração, e não da cabeça.

Vamos cultivando, ao longo da vida, uma relação de confiança e de mão dupla. Porque tem a parte que não conheço, portanto, confio e entrego, e tem a parte que cabe a mim fazer aqui, da qual eu não devo me omitir para que esse relacionamento fique equilibrado.

Já aconteceram fatos na minha vida em que a presença desse mistério estava bem nítida.

Uma vez, brincando com meu filho de "Serra, Serra" (ele devia ter menos de 1 ano), tinha um revisteiro com quatro pingentes de ferro a cinquenta metros de nós. De repente, um dos pingentes passou a poucos centímetros da nossa cabeça e foi cair do outro lado do sofá. Na hora, me levantei pra checar e confirmei que o pingente de fato voou. Não tinha outra explicação. Tentar encontrar uma resposta do porquê aconteceu isso seria adentrar esse mundo do desconhecido, do mistério.

Decidi voltar a brincar com o meu filho, no sofá, e confiar que nada pode impedir que o nosso amor se manifeste. E assim sigo até hoje. Quando algo que não tenho controle acontece, no lugar de lutar contra, tentar controlar de alguma forma, prefiro aceitar e seguir em frente, fazendo o que eu acredito que é o melhor naquele momento.

Dei um exemplo bem metafísico, mas podem acontecer situações menos surreais para que a gente seja chamado a agir, em vez de ficar questionando ou depositando as razões do fato na conta de Deus. Temos a nossa parte, e ela é bem real e acontece aqui, neste plano. Portanto, se alguém está se afogando, não é a hora de sentar pra rezar. A hora é de salvar, ou chamar o salva-vidas.

Se eu recebi uma tarefa difícil na minha vida, como uma pessoa próxima com a qual é desafiante lidar, não adianta eu entender o que aquela pessoa foi pra mim em outras vidas. Tenho que encontrar meios de lidar bem com essa pessoa nesta vida, ou afastar-me dela, se for possível.

Não foi na missa, obrigada, ou na terapia que aconteceu meu despertar espiritual. Na verdade, não acredito que existe um "plim", um clarão que abre um portal. Como eu disse, é um encontro que vai se dando ao longo da jornada.

Mas existe um momento, que considero muito relevante, que é a constatação de uma realidade maior. Isso acontece quando estamos mais maduros, o que não tem a ver com a idade, e sim com a maturidade espiritual. O momento em que nos damos conta de que somos apenas um indivíduo habitante de um dos milhares de planetas, que faz parte de uma das galáxias, entre milhões de galáxias de um universo visível. Ou seja, segundo Mario Sergio Cortella, somos o "vice-treco do subtroço".

Reduzida, então, à minha própria insignificância, percebi que tinha uma visão egoica de me atribuir demasiada importância, uma necessidade de ser vista, aceita, amada e pertencente a um grupo. De olhar para mim, para as minhas dores, meus "mimimis". De encontrar respostas para perguntas que eu ainda não tinha condição nem de formular, que dirá de ter as respostas!

Quando atestei o fato de que a vida não era só sobre mim, comecei a ampliar a minha visão. E só aí considero que iniciei minha jornada de cultivar a verdadeira espiritualidade. Esse entendimento e reconhecimento do presente como uma incrível aventura que nos é dada. E o melhor: ter a liberdade de fazer o máximo dessa oportunidade e saber que é impossível de fazer sozinho.

Essa percepção da nossa humilde existência aqui na Terra é o que pode nos ajudar a cultivar uma relação mais saudável com as leis do céu e da natureza, porque ambas estão totalmente afinadas. Quem destoa nessa grande orquestra somos nós: seres humanos. Justamente por não compreendermos essas leis, ou não aceitá-las.

A gente até pode virar a cara para o mistério, mas ele vai provar que tem uma parte que não é mesmo para a gente saber e pronto. Aceita que dói menos.

Estou brincando com coisa séria justamente pra trazer leveza para um assunto que já gerou muita confusão, sem falar das guerras e do sofrimento causados por essa visão do eu e do próprio umbigo.

Quando expandimos o nosso olhar, conseguimos perceber que todo ser humano apenas quer ser feliz e não sofrer. E, talvez por achar que pra isso temos que cuidar só de nós mesmos, geramos tanta infelicidade e caos para nossas próprias vidas.

Somos um organismo vivo frequentando um mesmo espaço: a Terra. O ar que eu expiro chega em você, porque faz parte da mesma atmosfera. Se nos percebêssemos como parte de um todo que se interdepende, pensássemos mais globalmente e agíssemos localmente, talvez nosso planeta não estivesse neste caos. Estamos destruindo o que nos foi dado de presente e nos tornando desumanos.

É uma lástima que o SER humano tenha se rendido ao TER humano. E que o deus mais idolatrado deste mundo seja o dinheiro.

É claro que falo de um lugar privilegiado. O fato é que 30% do planeta Terra vive na miséria, ou está apenas tentando sobreviver e não tem tempo, nem energia, para pensar nem agir além disso.

Exatamente por isso existem pessoas, como eu e talvez você, que nasceram em uma família e condição financeira que nos permitem ampliar a nossa visão e tentar fazer a nossa parte, para que o todo possa usufruir de uma existência mais digna e justa.

Sem cair na velha ideologia de direita e esquerda, acho isso tão medíocre. É extremamente reducionista pensar que para a solução dos problemas complexos deste mundo existem apenas dois lados. Isso, na minha visão, foi a forma que os desumanos, e, portanto, sem espiritualidade, criaram para dividir a humanidade, enfraquecê-la para ganhar poder.

Então, o que seria, na minha visão, uma pessoa espiritualizada?

Depende de qual caminho a pessoa encontrou para sair da ignorância.

Algumas devoram livros e escrituras sagradas, fazem curso de Bíblia, religiões comparadas, filosofias orientais, biografia de líderes da humanidade.

Já tive contato com pessoas que não sabem ler, mas têm uma ligação direta com a natureza, com as mudanças de lua, de maré, de estação. Respeitam e guardam uma sabedoria cabocla de raízes e ervas que, basta alguém precisar, sabem exatamente a posologia e medicam numa confiança de dar inveja a qualquer doutor, com sua sabedoria ancestral. São devotos fervorosos do que chamam de Deus. Muitas vezes, sem nunca terem ido à igreja.

Sem esquecer as pessoas que cultivam a fé nas egrégoras sagradas, oram por todos, praticam o bem e estão em paz e bem resolvidas com a sua religião. Isso é admirável!

Existem aquelas que, não tão bem-resolvidas, buscam fervorosamente um líder espiritual e, quando encontram, talvez por estarem cegos pela luz de seu mestre, não conseguem encarar a sua própria escuridão. Lembrando que existem inúmeros falsos mestres e gurus que estão vivendo mais na escuridão do que seus próprios fiéis.

Eu confesso, sem necessariamente ter que ir ao confessionário, que já passei por quase todas essas fases e formas de me conectar com Deus. Essa relação vem se desenvolvendo ao longo da minha vida, e continua numa espiral ascendente e infinita. Além de não linear, o caminho passa várias vezes pelo mesmo lugar de aprendizado e segue aprofundando cada dia mais.

Toda forma de amor e devoção vale a pena, mas nem tudo são flores. E está tudo certo! Põe na conta do viver encarnado, do aprendizado nesta grande escola.

Quando paramos de culpar os outros e posar de vítimas das circunstâncias, aprendemos sobre a autorresponsabilização e podemos começar uma relação mais saudável com o sagrado.

Qualquer ato meu interfere em mim e no outro. E o que o outro faz me afeta diretamente. Portanto, se vivemos no mesmo lugar, temos que viver olhando sempre nas duas direções, para mim e para o todo.

Cada religião vai abordar isso de uma forma, cada crença vai ter a sua escala de valor e ética. É assim que as religiões são constituídas, vai haver sempre um dogma, as regras a seguir, os passos a dar.

Mas o conceito "espiritualidade" sempre me atraiu mais, porque não tenho que seguir interpretações alheias e posso experimentar essa ligação à minha maneira.

Gosto de transitar num campo de liberdade, exercitando minha conexão com o sagrado de formas diferentes e, mais ainda, refinar a minha forma de intimidade com Deus. Que se dá todas as horas do dia, e não só em um culto, numa igreja, em um horário e lugar determinados.

É importante ter em conta também que a tarefa de viver nossas questões mundanas vai ser bem mais leve e cheia de sentido se encontrarmos respostas para duas perguntinhas básicas, mas extremamente profundas: "Quem sou eu?" e "Como posso ser útil?". "De onde vim?" e "Para onde vou?", eu ponho na conta do mistério.

A meditação tem me ajudado muito a conviver pacífica e amorosamente com essas perguntas.

Porque o alinhamento entre quem eu sou e o que vim fazer aqui se dá através da autoconsciência. De saber quais são meus talentos e descobrir o que a vida quer de mim.

Segundo Rudolf Steiner, até a metade da vida, estamos correndo atrás de sobreviver, pagar as contar, criar os filhos, de nos garantir materialmente. Mas, quando atingimos certo grau de maturidade e autoconhecimento, essa necessidade de um propósito maior grita dentro de nós.

Digo, de quem se permite se conectar com seu mundo interior. Porque a grande maioria segue no piloto automático do fazer, e tudo bem. O mundo tem lugar para todos.

"O que a vida quer de mim?" se torna muito maior do que "O que eu quero da vida?", e aí a brincadeira começa a ficar interessante.

O exercício que fiz aqui, de rever o meu passado, me mostrou o quanto a minha alma tem sede. Desde muito cedo, meu entusiasmo pela vida me levou a lugares, situações e pessoas que enriqueceram meu repertório de experiências.

Sinto que a vida é isto: esta oportunidade abençoada de se entregar de corpo, alma e espírito. Um lampejo de luz e presença que, se não for percebido na sua inteireza, será desperdiçado. E a chance é uma só. Porque o fato é que, depois desta vida, não sabemos de nada.

Se abandonarmos todos os conceitos e teorias, o que resta?

Este momento.

CAPÍTULO 7

NONO SETÊNIO

56 anos até o presente

Tudo na minha vida que é bom tem o número sete envolvido. Não por acaso, termino meu livro aqui e com uma lista de sete desejos, que almejo realizar nesta existência:

1. Acreditar que tenho a saúde perfeita. E que não ter saúde, às vezes, também é perfeito.
2. Não parar de buscar conhecimento.
3. Nunca deixar de sonhar.
4. Olhar para as circunstâncias difíceis como oportunidades de crescimento.
5. Perder totalmente a necessidade de agradar, e só agradar a quem eu tiver necessidade, de fato.
6. Aceitar as escolhas dos meus filhos como os caminhos certos para a evolução deles.
7. Encarar o meu envelhecimento com elegância, curiosidade e sem drama.

Então, fica o convite: feche os olhos e este livro e imagine a vida que você quer viver. Sinta-se livre para manifestar seus desejos e sonhos. Busque se conhecer cada dia mais profundamente, para que suas escolhas se tornem a expressão mais fiel de quem você é de verdade.

Este livro foi um exercício de tentar me libertar da minha própria história. De criar um espaço de autenticidade e autoaceitação de tudo que tive que ser para dar conta da vida que me foi possível viver até aqui.

Depois dos desafios e cobranças de uma vida voltada pra fora, olhar pra dentro e buscar ser alguém melhor para o mundo, no lugar de querer um mundo melhor pra mim, e para os meus, é o que tem me mantido vibrante e esperançosa neste momento.

Do fundo do meu coração, eu desejo que essa minha história, contada com toda honestidade, inspire você a buscar o seu lugar único no mundo. E, se você já está nesse lugar, expresse-se!

Ajude a libertar outras pessoas de suas histórias.

Viemos para aproveitar tudo que este planeta tem para nos oferecer. As cachoeiras e montanhas mais lindas. As chapadas, mares e areias finas. As matas densas, e as planícies ensolaradas. Os pássaros coloridos e todos os animais que habitam este solo farto e belo. Não viemos aqui só pra sobreviver e acumular. Viemos também pra desfrutar e compartilhar.

Exale amor e alegria por onde passar!

Gostaria de ser capaz de deixar uma mensagem final que fizesse pulsar o seu coração, como estou sentindo o meu agora. Algo que fizesse você reconhecer sua beleza e se sentir amado por você mesmo. Sem a necessidade de ser reconhecido e amado por mais ninguém. Uma autossuficiência humilde. Uma paz que complete você.

E, se sentindo suficiente, que o doar e o receber fluam naturalmente.

Pois é nesse equilíbrio dinâmico que a vida passa a fazer sentido.

Não fique onde sentir que não é bem-vindo. Não conviva com quem não consegue reconhecer quem você é e nem aceitá-lo por completo. Não espere do outro o que ele não tem pra dar, mas espere de você mesmo.

Siga atento aos seus incômodos: eles são trilhas preciosas para que você pavimente uma vida genuína.

E chega de conselhos! O que a minha vida me ensinou não serve necessariamente pra você.

Pra finalizar, honrando meu sobrenome, espero que este livro inspire você a fazer do viver uma oportunidade: a melhor possível, a cada momento. Isso já é muito!

Nos vemos por aí, bjim, inté!

FONTE Book Antiqua
PAPEL Pólen Natural 80g/m²
IMPRESSÃO Meta